【歴史と文化】

◎津軽学◎

弘前大学21世紀教育センター
土持ゲーリー法一
編著

東信堂

津軽学 序——はじめに

土持ゲーリー法一

　「津軽学――歴史と文化」の授業は、『平成18年度実施　大学機関別認証評価　評価報告書　弘前大学』（平成19年3月　独立行政法人大学評価・学位授与機構）の中で、「教養教育の体制が適切に整備され、機能しているか」との基準評価に対して、「三つの専門委員会（教務専門委員会・FD広報専門委員会・点検評価専門委員会）と高等教育研究開発室は、教育内容の点検・教育方法の改善等に向けて連携しており、『津軽学――歴史と文化』（特設テーマ科目）の開発、『21世紀教育フォーラム』（紀要）の刊行等の取組が行われている」（8頁）との評価を得た。

　また、『国立大学法人弘前大学　平成19年度の業務運営に関する計画（年度計画）』でも、教養教育（21世紀教育）において「学外の文化人を活用し、地域に根ざす大学としての特色のある授業科目『津軽学――歴史と文化』を継続開講する」（6頁）と位置づけた。

　大学外でも『東奥日報』や『陸奥新報』で数回にわたって報道されただけでなく、全国版受験雑誌『蛍雪時代』（2006年6月号）には、特色ある国立大学のカリキュラム「津軽の歴史・文化を学ぶ講座『津軽学』が4月からスタート」と題して、授業がさまざまな視点から津軽の歴史や文化に関する講義が行われるだけでなく、「絵師による『ねぷた絵』の実演や、漆塗りの体験実習といった実演・実習も数多く盛り込まれる参加型の授業内容はとてもユニークだ。また、同大の附属図書館には、この講義に関連する資料を揃える『津軽学コーナー』も設けられている」と紹介され、「『灯台下暗し』と言われるように、私たちは、案外、郷土の歴史や文化

について知らないものです。これでは良識ある社会人になれません。これから社会に、そして世界に羽ばたくためにも、郷土の歴史や文化に誇りを持つ『国際人』であることが求められます。グローバルな社会であればこそ、確固たるアイデンティティが必要なのです」とシラバスの一部も引用された。

　以上のように、「津軽学──歴史と文化」の授業は内外からも注目されている。この授業のユニークさは、何と言っても、この分野を代表する豊富な講師陣にあるといえる。本学人文学部国際社会講座日本史研究室の長谷川成一教授（現・附属図書館長）をはじめ、地域を代表する伝統芸術家、そして青森県内の高校教員との「高大連携」による津軽文学シリーズなど、地域連携型の授業である。

　「津軽学──歴史と文化」の授業を公刊したいと決意したのは、授業に対する学生からの「フィードバック」を読み、そこに書かれた学生からの感受性豊かな記述に共鳴したからである。たとえば、津軽に来たことを後悔した自分を恥ずかしく思ったというような内省的な感想文に感動したからである。すなわち、「私は青森県外出身ですが、弘前大学に来て、弘前の町の規模の小ささにがっかりし、この地へ来たことを後悔することも、弘前に来たことを言うことを恥ずかしく思うことも正直ありました。しかし、今回この津軽学の授業を受け、弘前や青森の歴史・文化などを知ることで、弘前の良さを初めて知ることができました。文化については、ねぷた絵・津軽三味線・津軽方言詩などのルーツや絵師・演奏者の思いを知り、今まで何気なく見ていたねぷたやただ流して聞いていた津軽三味線の奥の部分を知ることで、これまでとは違った視点で見ることができそうです。また、実際に津軽塗の最終工程を体験できたことも、弘前に来てもその文化にふれる機会がほとんどなかった自分にとって、とても貴重な経験になりました。文学の面でも、名前は知っていても、青森出身であることを知らなかった文学者が多くいて、多くの文学者が輩出されているところをみると、青森という地は『学び』という面

でとても適している土地なのだと感じた。津軽学の14回の講義の中で一番興味をもったのが『近代津軽の西洋文化受容』の講義で、東奥義塾や外国人教師について知ることで、その当時の青森の学問のレベルの高さに驚き、今現在あまり高いとはいえない青森の学問のレベルを残念に思った。ただ、列島最北端のへき地でありながら、その土地柄に臆することなく、むしろその土地柄の悪さをカバーするための学問向上を考えたその当時の人たちの志はすばらしいと思った。最初に書いた自分の気持ちはまだ完全にはなくなってはいないが、今回津軽について学べたことで、青森の知らなかった面をたくさんみることができ、青森に来てよかったと思える一面をみつけることができたし、また、せっかく青森という地に来て、こうやって青森について学んだのだから、これから青森について知らない人たちにこのすばらしい面を伝えていきたいとも思った。また、今回学んだのは津軽についてであったが、考えてみれば自分の地元のことすらあまり知らない状態であることに気づいたので、この機会に地元を改めて知りたいとも思った」(医学部保健学科 女子学生) がそうである。これはほんの一例である。付録の学生のラーニング・ポートフォリオを読んでいただければ、他にも、感動的なものが多く書かれている。これこそが、真の「教育力」である。そして、多くの学生が津軽の歴史と文化をどのように享受し、関心を深めていったかの学習プロセスの「変化」を多くの読者と共有したいと思ったからである。

　本書では、学生からの「フィードバック」だけでなく、各章の冒頭に「講義概要」を載せた。「講義概要」は、各講師が執筆したものと同じものである。「講義概要」に続いて、「授業から学んだこと」という項目を立てたが、これは教える側とは別に、各授業の雰囲気を伝えるために、編者があくまでもひとりの聴講者として聴取した内容を、この本の読者の理解を助けになればという意味で掲載したものである。また、15回の授業が学生にどのようなインパクトを与えたかについては、学生が授業全体を省察して最後にまとめたラーニング・ポートフォリオ (学習実践記録)

に反映されている。公刊にあたって、各講義の担当者から承諾を得ているが文責はすべて編者にある。また、臨場感を出すために学生のフィードバック、感想文、そしてラーニング・ポートフォリオは学生が書いたままの文章で残した。

本書は、書籍を媒体とした「授業公開」であると位置づけている。そのために可能な限り、講義や学生の声を反映させることにした。幸い、津軽方言詩の講師・山田尚氏による「高木恭造没後20年記念 全34編朗読『まるめろ』in 津軽」の朗読をCDに収録したライブ録音を提供された。山田氏は、講義のなかで「『まるめろ』は、津軽方言詩の「金字塔」である。人間の感情を極限の世界まで踏み込んで表現したものである。津軽方言詩は、いわば「古典」となったということができる。故に、後世に伝えていく必要がある」と述べている。そのCDを本書に収録できることは、まさしく、後世に継承すべき津軽の歴史と文化である。

山田氏は、津軽方言詩の研究者で高木恭造の最後の弟子にあたる。高木恭造が津軽方言詩を書いたのは福士幸次郎の影響によるもので、方言は「命に響く言語」であると諭された。それゆえ、高木の詩文にはユニークな「魂」の響きが感じ取れる。『まるめろ』は、津軽方言で書かれ、翻訳不能とまで言われたにもかかわらず、高木の評価とともに海外にも翻訳して紹介されたのは、「津軽エスプリ」が共感を呼んだからにほかならない。山田氏の『まるめろ』朗読を通して多くの読者に津軽に脈々と流れる歴史と文化の一端を伝えることができれば、編者として最高の喜びである。

本書は、授業ごとにホームページで公開することを意図して準備したために繰り返しの部分が多々ある。しかも、オムニバス形式の授業を一冊の本の形にまとめて読み返してみると重複の部分は避けられない。

大学の授業で「ラーニング・ポートフォリオ（学習実践記録）」を本格的に導入したところは少ない。中央教育審議会の答申にもとづく、「単位制度の実質化」と連動して最近注目されるようになったところである。

さらに、同審議会が「ラーニング・ポートフォリオ」を「学習ポートフォリオ」と位置づけたことで、多くの大学で関心をもつようになった。これは、ラーニング・ポートフォリオと同じものである。ラーニング・ポートフォリオは、学生が授業を通してどのように学んだか、授業の達成目標がどのように到達できたといえるかを自らが学習プロセスを省察して物語風に叙述したもので、学習効果を高める最適な方法であると、同時に、教員にとっても学生からのフィードバックとして、授業改善・向上に役立つとして注目されている。2008年6月21日および22日に行われた第5回弘前大学FDワークショップにおける授業シラバス作成でも、学生参加型による「評価」のグループ作業で、このラーニング・ポートフォリオが注目され、多くの参加教員に関心が持たれた。

「ラーニング・ポートフォリオ」が注目された背景には、学生がどれだけのことを学習したかを測る的確な方法がなく、筆記試験やレポートによる成績評価に依存し過ぎたことへの反省からであった。どれだけのことを学んだかという「真正の評価」は結果だけではわからないことが多

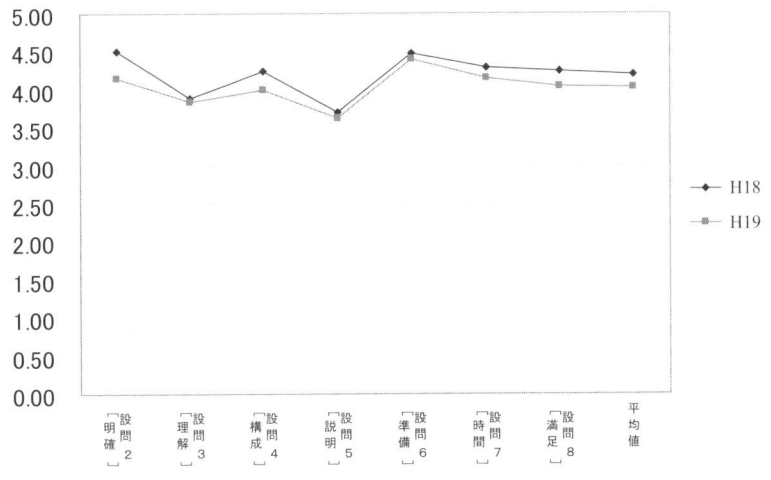

図序 –1　津軽学

く、学習プロセスを通してはじめて明らかになる。

　以上のような認識から、最終試験では各授業でまとめた「講義メモ」をもとに、「ラーニング・ポートフォリオ」を書かせた。すなわち、「『講義メモ』を読み返し、『津軽学』の授業でどのようなことを学んだか、『(ラーニング)ポートフォリオ』(学習実践記録)としてまとめてください。」という課題である。

　これまで「津軽学——歴史と文化」の授業は、2006年と2007年の2回行われた。前頁の図表の学生の授業評価からも、一定の高い評価を得ていることがわかる。2007年10月23日(火)NHK番組「あっぷるワイド」弘前・八戸(「ひろはち」)生中継「まち自慢」コーナーでは、弘前大学の「津軽学」の授業は、この町の誇りであるとの視聴者からのFAXが紹介された。

　本書では、2007年度に新たに加わった授業内容を除き、基本的には、2006年度の講義を中心とした。ラーニング・ポートフォリオおよび感想文は、2006年度と2007年度の両方を掲載することにした。同じような授業内容であっても、多感な学生の享受の仕方には違いが見られた。

　弘前大学において21世紀教育特設テーマ科目「津軽学——歴史と文化」カリキュラムが検討されたのは2005年2月であった。近年、「横浜学」「山梨学」「長崎学」など、地域名を冠した「地域学」が盛況で郷土の歴史や文化、地域の産業、自然を見つめ直し、魅力を再発見したいとの地域活性化によるものである。「地域学」を実施しているのは、県や市町村の行政、大学等の高等教育機関、NPOの市民団体など多様な形態があるが、2000年度「全国地域学交流集会」には76件がリストされ、青森県にも「つがる学」(弘前市・つがる衆立大学)や「あおもり学」(青森県総合社会教育センター・青森県県民カレッジ)などの名称が見られ、さらに、「津軽に学ぶ会」編による『津軽学』シリーズの雑誌も刊行されている。

　青森の歴史文化を知るには、「津軽学」だけでなく、「南部学」も含めるべきとの意見もあったが、とりあえず足元の「津軽」の歴史と文化か

らスタートすることにした。

　津軽の歴史と文化のカリキュラム作りの動機づけになったのは、素朴な疑問からであった。たとえば、弘前市には弘前藩があり、経済・文化の中心であったにもかかわらず、なぜ、県庁所在地が青森市になったのか。津軽三味線の歴史はどこまで遡り、三味線とどう違うのか。弘前大学前身の旧制官立弘前高等学校卒業生・文豪太宰治の旧制高校時代の青春はどのようなものだったか、現在の学生とどう違うのか。彼の文学を育んだ津軽風土は他県のものとどう違うのかなどであった。これらの疑問を明らかにすることで、津軽の歴史や文化に関心を抱き、幅広い教養文化を身につけることができるのではないかと考えた。

　資料編「授業シラバス」の冒頭で、文化人類学者青木保氏（文化庁長官）が記述した「日本文化を『混成文化』と名づけ、三つの文化層の重なりで形成され、日本古来の土着文化の神道、アジアの大伝統の文化の儒教・神道や仏教に示された古代中国・インド文明の影響、そして、西欧近代文化あるいはアメリカ文化にあらわれている」（『毎日新聞』(2005年7月10日）を引用した。幸運にも、同氏は同年11月弘前大学附属図書館主催第2回学術講演会において「世界から、そしてアジアから見た日本文化」と題して講演され、『津軽学──歴史と文化』とも関連づけた。

　以下が2006年に授業を担当した講師と授業内容である。

(1)ガイダンス
(2)津軽ねぷた絵師(1)　　　　　　　　　　　　　　　八嶋龍仙
(3)津軽ねぷた絵師(2)　　　　　　　　　　　　　　　八嶋龍仙
(4)津軽三味線　　　　　　　　　　　　　　　　　　笹川皇人
(5)旧制官立弘前高等学校外国人教師館と洋風建築　　　芳野　明
(6)石坂洋次郎と弘前　　　　　　　　　　　　　　　舘田勝弘
(7)太宰治と旧制弘前高校　　　　　　　　　　　　　相馬明文
(8)津軽の方言詩　　　　　　　　　　　　　　　　　山田　尚

⑼寺山修司ワールド	櫻庭和浩
⑽現在活躍中の文学者──長部日出雄、鎌田慧、三浦雅士を中心として	
	齋藤三千政
⑾旧制弘前高校の歴史	前島郁雄
⑿弘前藩の歴史と文化	長谷川成一
⒀津軽塗⑴	佐藤武司
⒁津軽塗⑵	佐藤武司
⒂試験	

　学生がどのような期待をもって授業を履修したかを「ガイダンス」の中から拾った。最後の「ラーニング・ポートフォリオ」と比較することで、学生の学習プロセスの変化を読み取ることができる。

○弘前大学において最も注目の講義!! 津軽学の中でも歴史と文化に注目したユニークで画期的な試みである。津軽のことの他に一つのことを多方面から考える力と得た知識をパラフレーズする力を養うことができる。青森に来て、このような授業を待っていました!! 非常に楽しみです。(人文学部　女子学生)

○弘前に来て3年目になるが、津軽の歴史や文化について詳しく知る機会がほとんどなかったので、この講義はとても魅力のあるものだと思う。学生参加型の授業や、一つ一つの講義をフィードバックすることは、頭の中に残りやすいと思う。津軽のことを学ぶことは将来とても役に立つと思った。(教育学部　女子学生)

○私はここ津軽の生まれだが、地元の芸術や工芸品に疎い。というか、常に身の周りにあふれているので日常で慣れてしまっているような気がする。この授業を通して、津軽人であることの再認識と客観的に津軽を見つめてみようと思った。文学から民芸まで幅広いジャンルにわたって学び、体感するのが非常に楽しみである。(人文学部

女子学生）

○津軽学の授業は他に例を見ないものである。何がでてくるかわからない、かた破りな授業だ。地域のことを学ぶのは大切なことだが、「いつでもわかるということは、わからない」という言葉があるように、自ら学ぶ姿勢がなければいつまでたってもわからないままである。グローバルな社会で生きていくために郷土の歴史や文化について学び、しっかりとしたアイデンティティを持つことが重要である。（教育学部　女子学生）

○私は今、英語の教職を取得中で、その関係で英国圏の文化や歴史について学ぶところが多い。しかしよく考えみたら、自国の文化や歴史については知っているようで何も知らない。ましてや自分の通う大学があるこの土地の歴史などについては皆無である。これから国際化が進む中で、私たちの世代は特に外国人の人々と触れ合う、そんな中でこの津軽学の中で学んだ内容は、弘前大学の学生として、または日本人として非常に誇れるものになると思う。（人文学部　女子学生）

○グローバルな社会であればこそ、アイデンティティが必要という先生の考えに共感する。英語教育が重要視されているけれども、英語をつかって何を伝えるかというのは教育されていない。日本人は日本を語れなきゃいけない。先生が英語より、文化学とかを小学校で教えた方がいいといっていたのも納得できた。（教育学部　女子学生）

○弘前に住んでもう６年経ったが、弘前はどんな所か聞かれて答えられない自分が恥ずかしいと感じた。この授業を通して少しでも「弘前」を知れたら良いと思う。「津軽弁」という講義があったら是非聞きたいと思う程、津軽弁のもつ迫力、津軽弁でしか表現できない気持ちなどが大好きだ。できるなら多言語を習うように津軽弁を習いたい。先生はオムニバスは不評だと言っていたが、私の周りではオムニバスは好評だ。一人の授業でその先生の思想や価値観だけを埋

め込まれてしまうことも防げると思う。埋め込まれないように批判的に見る力をつけるのも大切である。(教育学部 女子学生)
○私は、この津軽の黒石市出身である。津軽は好きだが、津軽のことを教えてほしいと言われたら、大まかな概要しか説明できない。これでは、自信を持って津軽を好きとは言うことができない。そのために、この津軽学の授業で本当の津軽を学びたい。表面上のものだけではなく、もっと深い知識を得たい。そして、自分の中での津軽学を作り上げていきたい。(教育学部 男子学生)
○やっぱり津軽学は楽しそうで、取ろうと思いました。このテーマ科目は他と違って講義だけでなく実演してくれ、また自分自身も体験できるので、とても魅力的です。青森に住んでいるのだから、何も知らずに4年間過ごすのは恥ずかしいことだと思ったのも取ろうと思ったきっかけです。ただ欲？を言えば、どうしてテーマ科目としての単位ではなく、自由科目になってしまうのか不満です。そのせいで取る学生が少ないのも原因では??(教育学部 女子学生)

津軽学──歴史と文化／目次

津軽学 序──はじめに ……………………………… 土持ゲーリー法一 … i
I 弘前ねぷた絵の歴史／実演 ……八嶋龍仙（津軽伝統ねぷた絵師）… 3
II 津軽三味線の歴史と実演… 大條和雄（津軽三味線歴史文化研究所）…19
III 津軽塗の文化と歴史／実習 ……… 佐藤武司（弘前大学名誉教授）…27
IV 石坂洋次郎『青い山脈』……… 舘田勝弘（元弘前中央高等学校校長）…34
V 旧制弘前高等学校の太宰治………… 相馬明文（浪岡高等学校教諭）…44
VI 津軽方言詩 ………………………… 山田　尚（詩誌「亜土」主宰）…53
VII 寺山修司の世界 ………………… 櫻庭和浩（青森北高等学校教諭）…60
　　──寺山修司と青森──
VIII 現在活躍中の文学者 …………… 齋藤三千政（元黒石高等学校校長、
　　　　　　　　　　　　　　　　　　　　　　　　弘前ペンクラブ会長）…68
　　──長部日出雄、鎌田慧、三浦雅士を中心として
IX 弘前藩の歴史と文化 ………… 長谷川成一（弘前大学人文学部教授）…79
X 近代津軽の西洋文化受容(1)
　　明治初期の外国人教師たち ……北原かな子（秋田看護福祉大学教授）…87
XI 近代津軽の西洋文化受容(2)　津軽地方
　　津軽地方初の米国留学生たち …北原かな子（秋田看護福祉大学教授）…98
XII 旧制弘前高校の歴史 …………… 前島郁雄（東京都立大学名誉教授）…108
受講を終えて ……………………………………………………………………120
　1)「ラーニング・ポートフォリオ（学習実践記録）」(2006年度)…120
　2)「ラーニング・ポートフォリオ（学習実践記録）」(2007年度)…133
あとがき …………………………………………………………………………147
資料1　第57回東北・北海道地区大学一般教育研究会（話題提供）…150
資料2　授業シラバス ……………………………………………………161
高木恭造没後20年記念　全34編朗読『まるめろ』in 津軽 …………169

（ポスター絵：津軽伝統ねぷた絵師・八嶋龍仙 作）

津軽学──歴史と文化

津軽伝統ねぷた絵師　八嶋龍仙
I　弘前ねぷた絵の歴史／実演

講義概要

　弘前ねぷたの歴史は、文献を調べれば詳細が記されているが、ねぷた祭りがなぜ今日まで伝承されてきたかは、津軽に生まれ育ち、津軽に住んできた人でなければ分かりにくいことである。私の幼少の頃から今日に至るまでの半生の中で、私がなぜ「ねぷた絵師」になり、なぜ「ねぷた絵」を伝承していかなければならないと感じているか、また津軽人の気質や伝統文化なども織りまぜつつお話しする。授業では、ねぷた絵を描くための材料や道具の説明や、ねぷた絵の描きかたなどの実演もする。

授業から学んだこと

　「津軽学――歴史と文化」授業は、「弘前ねぷた」からはじめたいと決めていた。本学理工学部の南條宏肇学部長から、ねぷた絵師・八嶋龍仙氏と津軽三味線・笹川皇人氏の紹介があった。岩木山近くに住む、八嶋龍仙氏宅に講師依頼に伺ったのは2005年6月27日であった。八嶋氏と会うことができたのは、元附属小学校教諭・三上恵子さんの紹介によるものであった。八嶋氏のアトリエで、弘前大学のねぷた絵を直に手に触れて見ることができた。巨大なねぷた絵を目前にしたときの驚きと感動は言葉で表現できない。八嶋氏は10年以上も弘前大学のねぷた絵を描いている。表面に蝋（ろう）が塗られた縦横（7×8メートル）の広い紙の上に、下

絵もしないで描かれたねぷた絵は驚愕であった。

　弘前の夏の夜の笛や太鼓の「弘前ねぷた祭り」は迫力がある。祭りは見るものとばかり思っていたが、行列に参加しなければ本ものは味わえないと聞かされ、弘前大学の名前入りゆかたに襷（たすき）をかけ、提灯を片手にねぷた行列を先導するという初体験をした。

　1回目の授業は弘前ねぷたの歴史について、そして2回目は実際に描いたねぷた絵を学生に見せながらの体験授業であった。教室に広げられたねぷた絵には、熱い夏の汗と匂いが染みこんでいた。

　八嶋氏は大型ねぷた絵を描いて31年、弘前大学ねぷた絵を描いて16年になるそうである。なぜ、ねぷた絵師になったかをユーモアを交えて生粋の津軽弁で流ちょうに語った。津軽に生まれ、子どものころからねぷた囃子にあやされ育ったことが癒しであったという。さらに、幼少の頃から「らくがき」しながら絵を描いて楽しんだ。ねぷた絵を最初に描いたのは、小学校3年生のときで、その大きさはリヤカー荷台に載せられるサイズであったそうである。

　古い民芸品の小型ねぷた絵が教壇の机に置かれた。「見送り絵」に杉板が使われていることに注目するようにいわれた。杉板は刳（く）り抜くのが難しく、簡単に割れてしまうので現存のものは少なく、ベニヤ板が使用される以前のものであることがわかった。ベニヤ板がいつ頃から普及したかを調べることで、この民芸品の時代考証も可能になるというわけである。これだけでも研究対象になると伝統津軽絵師ならではのユニークな説明である。このようなことは、文献では探せない、経験から生まれた叡智である。

　ねぷた絵の公募があり、応募したら受賞した。受賞展示場で、後に師匠となる石澤龍峡先生に出会った。師匠は日本画家でねぷた絵も描いた。石澤先生宅に招かれ、ねぷた絵を描く姿を目前にした。7×8メールの真っ白な紙の上に、何の下絵もなく、躍動する筆をみて圧倒された。筆に墨をつけ、描こうとした瞬間、紙の中央にポトリと墨が落ちた。八嶋

氏はそのことに気を取られたが、師匠は平然としてシミも見事に絵と化した。これぞ、「創作」の世界なのだと感動し、自分のこだわりと心の小ささを思い知らされた。「創作」の世界は、シミも絵にする「力」なのだと知った。

　油絵を描いていた20歳のとき、壁にぶち当たった。「絵は、なんぼ丁寧に描いても、きれいに描いても駄目なんだよ！」と師匠に言われた。見かけだけでは人に感動を与えることはできない。何日も寝ずに描いた絵を一蹴（いっしゅう）され、強いショックを受けたことが大きな転換となった。当時の絵は写実的であって、「創作」が人に感動を与えることをはじめて知った。石澤門下生として日本画を極めた。

　ねぷた祭りの絵は、簡単に描けるものでない。ねぷた絵を描くには、町会を通して依頼がなければならない。石澤門下生になって9年間ねぷた絵の仕事がなく、苦しい時代が続いた。昭和50年、はじめて大型ねぷた1台の依頼がきた。師匠に許可をもらいに行った。「きたんだったら描け！」と励まされた。翌年は、いきなり13台に増えた。1台から13台に増え、どのように仕上げれば間に合わせられるかわからず、ただ無我夢中で描いた。4年目には、大小23台を一夏で描いた。仕上げには1ヶ月半を要した。ほとんど寝る間もない超人的な仕事であった。大型ねぷた1台を仕上げるには、1週間から10日かかる。人によっては1ヶ月かかる。当然のことながら、ねぷた絵の受賞を狙うのでプレッシャーもあった。1年目は賞にもれたが、2年目には市長賞と会長賞のダブル賞を受賞した。3年目には、知事賞を受賞した。これまで何百台という大型ねぷた絵を手がけた。ねぷた絵を描くには体調管理が必要である。ねぷた絵は、祭りのためのものであるから、祭に間に合わないと関係者に多大な迷惑をかける。楽しみにしている市民にも申しわけない。ねぷた絵師は、時間とのプレッシャーが宿命といえる。引き受けたからには、期日までに仕上げなければならない。最高23台を仕上げたとき、最後の2日半は一睡もしなかった。前日までは、1日3時間の睡眠しか取れなかった。

最初は22台であったが、ねぷた祭りの10日前に1台の依頼が子どもたちからあった。とても引き受ける余裕もなく断った。子どもたちは泣きながら家路に戻った。子どもたちの楽しみを断るのは断腸の思いであった。子どもたちの落胆した姿をみた親たちが、再度、依頼にきたので引き受けざるを得なかった。その結果、最後の2日半は一睡もできなかった。最後は自分で描いたねぷた絵の上に眠り込んでしまった。

　辞書を引いても良くわからないが体験的に学んだことがある。それは「けつ・ばん・こく」ということである。「けつ」とは、細かく描きたがる病気、人は一筆で表現できないがために苦しむ欲のかたまりである。たとえば、津軽三味線では、細かい音色を出そうと競い合うが余韻の良さもある。「ばん」とは、物には「裏」があるということである。裏を表現することが大切で形に囚われてはいけない。「こく」とは、「絵は最後は○なんだよ！」と師匠から教わった。すなわち、絵には「心」がなければ駄目だということに繋がる。師匠は、それが「心」とは教えなかった。同じ絵を二度と描かないという八嶋氏の信念に繋がっている。

写真1-1　授業風景

師匠のもとで修行を始めたとき、「授業料」のことを尋ねて激怒された。師匠から、金銭のために教えるのではない。伝承するために育てているのだと一喝され、伝統や文化が何であるかに目覚めた。師匠への恩返しで、若い門下生の継承にあたっている。伝統を守るには、「心」を育てることが肝要であり、「心」の重要さを学んだ。

　弘前ねぷた絵で一番多く使われるのが、葛飾北斎の絵本三国志のものである。日本伝統の武者絵を描けばと考える人も多いが、書き手側からいえば、日本の武者絵の甲冑（鎧と冑のこと）は、四角のため、丸いねぷた絵では描きづらい。中国の甲冑は、日本と違って丸みを帯びていて丸いねぷた絵に適している。子どもの頃、ねぷた絵に真似るものが乏しく、「面子」（子どもの玩具。津軽ではビタという）の絵柄（義経や羅生門の武将）を参考にして描いた。

　青森県を代表する画家・棟方志功が、『陸奥新報』に最初のねぷた絵を描いた。題材は「天の岩戸」で、これは博物館に保存されている。棟方志功没後、『陸奥新報』のねぷた絵を引き継いだ。棟方志功の贋物画が世に出回っているが、不思議なことに贋物画の方が良く描かれ過ぎているために、「創作」という視点に欠けている。

　授業でも紹介があったが、八嶋龍仙氏に「津軽学」の講師を依頼したとき、20数年前に全米で放映されたビデオ『FACES OF JAPAN』のことが話題になった。これは、13巻シリーズもので、日本を代表する13名の伝統文化継承者が選ばれた。第2巻が、「THE NEPUTA PAINTER」と題するもので、若き伝統ねぷた絵師・八嶋龍仙氏と家族が描かれている。偶然にも、筆者はこのセットを購入していた。このビデオは、弘前大学附属図書館「津軽学コーナー」にも置かれている。筆者は20数年以上も前に、太平洋を隔てたアメリカでビデオを通して八嶋氏と会っていたことになる。人の出会いとは不思議なものである。

　アメリカ人を魅了したのは、「無」から描き上げたねぷた絵のダイナミックさにある。ビデオ取材班の中には、八嶋氏がニューヨーク「日本

クラブ」で個展を開いたのを見たスタッフもいた。個展には八嶋氏は出席できなかったが、世界の檜舞台ニューヨークで多くの人に感動を与えた。ねぷたは、弘前だけに限ったものでなく、県外、世界の人々に触れられるものでなければならない。そのためにも、若い人を育てることが先決であり、それが今後の課題であると抱負を語った。

八嶋氏が所蔵する明治時代のねぷた絵掛軸が紹介された。これは、明治時代に皇太子が弘前を訪れたときのねぷた祭りの「送り絵」であって、貴重な資料である。当時、祭りが終わると岩木川に流す風習があったので、現存するものは少ない。それは小田桐岩蔵の作品であるが、彼はたこ絵師としても有名であった。

2回目の授業では、弘前ねぷた絵を肌で体験した。はじめに、ねぷた絵の描き方の説明があった。最初は、「木炭」についてで、これは鉛筆の代わりに木炭で下書きする。「木炭」は消すとき、布で拭き取れるので使いやすい。下書きした上を墨で筆書きする。墨書きが終わると蝋で区分けをする。蝋がついたところには墨や色が染みこまない。蝋纈（ろうけつ）染めと同じ技法である。墨で書いた部分を蝋で縁取りしないと色が滲む。蝋で縁取りするのは照明を通すと線が浮き出る効果もあり、それは透かしてみれば一目瞭然である。蝋を溶かす温度は、160〜170度の高さである。

ねぷた絵に描かれた文字「雲漢」(天の川)のほかにも種類がある。雲の絵に「点々」があるのは雨を表し、「雨乞い」の意味で、祭りが地域の生活に密着していたことを物語っている。皿あるいは開きには、「ぼたん」の花が描かれるが、これは津軽家家紋「津軽ぼたん」からきたものである。

正面となる絵が「鏡絵」と呼ばれる。弘前ねぷた祭りで使用されたねぷた絵を教室の机の上に広げた。学生たちは目を輝かせながら直接に絵に触り、興味津々で津軽独自の文化伝統を肌で感じていた。

他のねぷた絵は、「川中島の合戦」を描いたものである。「こちらが上杉謙信、そちらが武田信玄です」と説明されると、学生たちは驚きと感

Ⅰ　弘前ねぷた絵の歴史／実演　9

写真1-2　ねぷた絵を手にとる学生たち

動で絵を凝視していた。壮大な絵に圧倒された。絵は目の入れ方に特徴があるという。それは、どちらの角度から見ても、自分を睨みつけているように見える。試してみたが不思議である。ファッション界巨匠・山本寛斎氏が20数年前に目をつけたのもねぷた絵であった。

　「津軽学」とは学んだことを古里で活かされることが大切であると熱く語った。

　「見送り絵」の実物も見た。これは美人画である。照明が入ると「美人」が際立って見えた。自分の描いた絵が美人だというのを恥ずかしがる場面もあった。聴講者の一人が、「美人画を描くときは、顔が奥様に似るそうですよ！」とフローすると教室に爆笑が走った。学生たちの郷里で祭りがない場合でも、弘前ねぷた祭りの技法を取り入れることで、新しいものが生まれる可能性があると教えた。弘前ねぷた絵は、一夜にして生まれたものではなく、長い伝統のなかで、試行錯誤を繰り返しながら継承されたもので、文化を伝承することの重要性を強調した。文化を伝

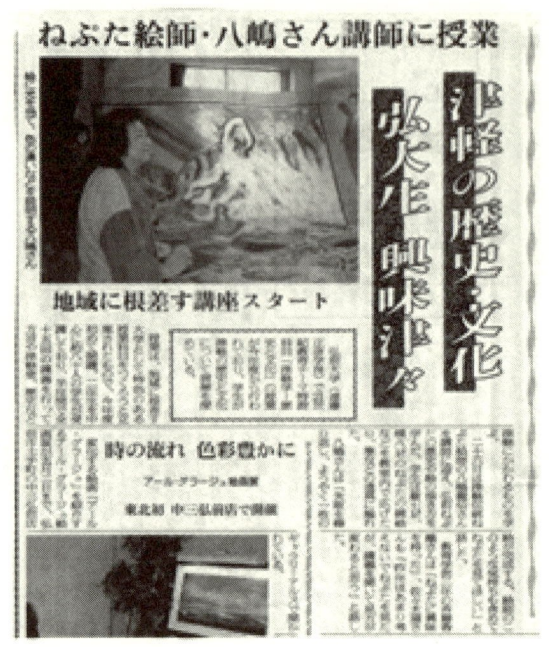

写真1-3　『陸奥新報』(2006年4月28日)

承するには良い作品に接し、直に触ってみることであるといわれ、学生はねぷた絵の端を触り、立ったままで授業を受けた。

　「見送り絵」は、『陸奥新報』の依頼で描いたものであった。たまたま、その場に『陸奥新報』記者が取材に来ていた。上記の写真と記事は、そのときのものである。「見送り絵」の初代が棟方志功で2代目と3代目が八嶋氏であった。

　虎を描いたねぷた絵が教室に広げられた。その瞬間、学生の間から「ウォー」という驚きの歓声があがった。窓側の陽光りに掛けると絵に動きが見られると説明すると、学生から「見たい!!」という声が一斉にわき起こり、大きなねぷた絵を窓側に移動して陽光に照らした。貴重な絵が破けたらと心配する学生に対して、「大丈夫、破けたら、また、描きます」として、大きなねぷた絵を窓側のガラスに掛けた。窓の陽光を

Ⅰ　弘前ねぷた絵の歴史／実演　11

写真1-4　ねぷた絵を広げる矢島21世紀センター長

浴びて、虎の絵が今にも飛び出すような躍動感に溢れた。利口で頓知な一休が、将軍から衝立の虎の絵を縄で縛り上げるように命じられた逸話が一瞬脳裏をかすめた。

　ねぷた絵に使用する蝋は、サーモスタット付きの「天ぷら鍋」で溶かすと聞いて女子学生たちは驚いた様子であった。しかも、仏閣神社で廃棄処分した蝋燭を溶かして使うというのである。仏への供養でもある。使用する筆を手に取ってみた。穂先には「馬の毛」を使用していた。これでないと「うまく」描けないなどと笑わせた。伝統工芸を紹介したNHK「手仕事日本」の番組でも取り上げられたそうである。

　授業で取り上げたねぷた絵の技法は他の工芸にも応用できるので、古里に帰ってからも役立つ。刷毛に「秘伝」があるわけでなく、「焼鳥屋」でタレをつけるブラシにも使われているものと同じだと笑わせた。まさしく、「弘法筆を択ばず」で、真の名人は道具のよしあしにかかわらず卓越した仕事ができるということである。

　「青森のねぶた」は造形であるので真似ることが困難である。弘前ね

ぷたは、「絵」で感動を与える。絵は真似て画ける。八嶋氏の絵には、上杉謙信の額に見られるような独創性が隠されている。額に必ず「Z」の「トレードマーク」が入っている。次に、弘前ねぷた祭りの絵を見るときは、額に「Z」のトレードマークの入った八嶋龍仙作を探してみたいとの衝動に駆られた。絵の極意は、自然に染みこむもので、一度描いたものは上書きしない。なぜなら、絵の動きが死んでしまうからである。ねぷた絵の素地の部分に「般若心経」が書かれていた。そこにも、八嶋氏の仏への「供養」を垣間見ることができた。

　弘前ねぷた祭りの歌の作詞も手がけている。伝統ねぷた絵師として、津軽の伝統をこよなく愛した八嶋氏でなければ描けない味わい深い歌詞である。以下が八嶋龍仙作詞「ねぷた——祭魂——」である。

1. 弘前城下は　祭り肌
　　神代語りを　今ここに
　　ねぷた五錦は　夏の色
　　縁起末広　願いを込めて
　　老いも若きも　血がおどる
　　天まで届けと　じょっぱり太鼓
　　　　　　　じょっぱり太鼓

2. 雲漢二文字に　祈り込め
　　眠気ざましの　笛太鼓
　　祭り彩る　主役には
　　三国武将が　夜空に映えて
　　堀に錦の　水鏡
　　扇ねぷたに　五色が灯る
　　　　　　　五色が灯る

3. かけ声汗さえ　枯れ果てて
　　名残り惜しさの　見送りに
　　可愛いあの娘が　目に浮かぶ
　　岩木川原に　流されて
　　老いも若きも　秋の風
　　これが津軽の　弘前ねぷた
　　　　　　弘前ねぷた

　このテープは、附属図書館「津軽学コーナー」にも置かれる。歌手の木田俊之氏は、地元大鰐町出身で難病の筋ジストロフィを発病し、8年に及ぶ闘病生活からリハビリを兼ねて歌の道に復帰して生き甲斐を見つけ、車椅子に座ったままで歌う。彼の歌い声は「魂」の塊である。「ねぷた――祭魂――」が、NHK紅白歌合戦で歌われ、津軽地方から発信できることを願っている。
　2006年度の弘前大学大ねぷたの絵図は、八嶋龍仙氏の制作によるもので、鏡絵が三国志『馬超夢の中に猛虎出現』、見送り絵が『楽女』、そして袖絵が『風神・雷神』で、運行予定日は8月1日(火)、3日(木)、5日(土)であった。

受講生からのフィードバック
　○話に聞いていた通り、生粋の津軽弁を話されていて、八嶋先生の魅力を存分に味わえた1時間半になりました。話し上手であるせいか、話自体がおもしろいのか、八嶋先生の世界に引き込まれました。「無のところから創り上げることが芸術」という言葉が特に印象的だった。(人文学部　女子学生)
　○わざわざこの授業のために資料を作ってきていただいたことに感動した。実際に鏡絵をいくつか見せていただいた中に、上杉謙信と武田信玄の絵があり、地元が新潟の上越市である私はそれをねぷた絵

という形で見ることができてすごく貴重な経験をしたなあと思いました。(人文学部　女子学生)
○八嶋先生は、津軽生まれで小さい頃から絵が好きだったと言っていたが、本当に津軽のことが好きなんだと思った。ねぷた絵は津軽の文化に欠かせないものであると思ったので、ねぷた絵師のように文化を伝承する人がこれからも必要だと思った。(教育学部　女子学生)
○ねぷた絵の実物を見せてもらったが、こんなに大きなねぷた絵をみたことはなかった。夏のねぷた祭で練り歩くねぷたの絵の名前(鏡絵、見送り絵)を新しく知ったので、今年のねぷた祭は少し違う視点で見ることができると思う。今年のねぷたを見に行くのが本当に楽しみだ。(教育学部　女子学生)
○毎年のように弘前ねぷたを見ているにも関わらず、その歴史や技法、絵師の苦労などは全く知らなかった。今日、八嶋さんは、「伝統は守り伝えていかねばならない」とおっしゃっていた。そしてその伝統の中から新たな技術を見出して、それも伝統にしていく。伝統であるねぷたに対する津軽人の熱い気持ちも垣間見られた気がする。小さいねぷたには、精巧な筆使いが見られた。(人文学部　女子学生)
○ねぷた絵を描いていく手順通りに絵を見せてくれたので、ロウ描きをする意味だとか、その手法ひとつひとつについて良くわかった。実際のねぷたに用いられた鏡絵や見送り絵も見たが、それらはねぷたとしてかたどられると、もっと活き活きとみえるのだろう。虎の絵は光にかざすと、生気がともったような気がした。去年、岩木町で八嶋さんの個展を観ました。(人文学部　女子学生)
○下絵なしにすみで描けるのは、頭の中にすでに構図ができているからだということがわかった。絵師がねぷた絵を後世に伝えていかなければならないと強く思っていることがわかった。(人文学部　女子学生)
○ろうで絵描いた部分は光にすかしてみるととてもきれいだった。グ

ラデーションの部分は筆に色をつくって、一気に色付けしていることがわかった。ボタンの絵や雨雲の絵には意味があることがわかった。実演している映像でも良いので見たかった。（人文学部　女子学生）

○ねぷた絵には躍動感がある。小さなことを気にしていてはその躍動感は生まれず、それが創作の世界である。ねぷた絵を描く際に常に心にとどめておくべきことは「けつ・ばん・こく」の3つで、これは絵を描くことだけではなく、人生というものにおいても大切なことである。伝統は守られ、伝えられることに意味があり、ねぷた絵の伝承にはお金にかえられない価値がある。（教育学部　女子学生）

○ねぷたを間近で見たのは初めてで迫力がすごくて圧倒されました。特に虎の絵は光を通した時に今にもかみつきそうなほどリアルで実際にその絵がねぷたとして弘前の街をねり歩く姿を見てみたいと思いました。また私は小型のねぷたを書く機会がこの夏にあるので、今回の講義で知った技術を実践してみようと思っています。（教育学部　女子学生）

○八嶋さんがあみだした技法や考えた道具が広がったというのを聞いて、少しずつ進化しながら受け継がれてきたねぷたを知った。ひと夏に一人で10台も描くというのも驚きだった。それほど、絵師が少ないということなのか、大人気ということなのか。日本の文化なのに、甲冑の丸みが扇型におさまりやすいので、中国の武士が題材になりやすいというのも面白いと思った。（教育学部　女子学生）

○「伝えねばまいんだ!!」という八嶋さんの師匠の言葉を聞き、涙が出そうになるくらい感動した。鳥肌が立った。そしてその言葉どおり、自分で生み出した手法を惜しみなくお弟子さんたちに教えるんだと言う八嶋さんの姿がかっこいいと思った。確かに伝わるが、自分でせっかく考え出したものをすぐにみんなに教えるなんて、私にはできない。勿体ない気がしてしまう。それが当たり前にできるからこそ、また自分が進んでいくという逆転の発想ができる八嶋さん

を尊敬する。（教育学部　女子学生）

○普段はねぷた祭りに行ってもなんとなくしかねぷた絵を見ていなかったため、近くで見て初めて細部へのこだわりや模様の美しさに気付いた。ろうを使うことで浮き出て見える技法を使ってのトラの絵。前に何かで見たことがある気がしたが、生で見るとやはり迫力がすごい。この場でねぷた絵を書くところを実際に見れると思っていたので、それは残念だったけど、ねぷたの絵を初めて間近で見て、触れることもできて、その大きさ・美しさに気付けたのは良かったと思った。（教育学部　女子学生）

○私はねぷた絵はねぷた祭りで見たことがあるのだが、ねぷた絵の絵師に会うのは初めてだったのでとても感動した。そして先生の話はすべてが新鮮なものであった。また、ねぷた絵を描くことは非常に労力が必要なものなのだと感じた。1ヶ月毎日3時間しか睡眠時間がないということにも驚いたが、それより2日半一睡もしない時があったということが信じられないと思った。時期が決まっているため集中して忙しくなるのだろうが、とても過酷な仕事だ。このような大変な労力があるからこそ、私たちはすばらしいねぷた祭りを見ることができるのだということを実感させられた。（教育学部　女子学生）

○ねぷた絵は、無の状態から描いていくというのを聞いてとても大胆だなと思った。しかし、そうすることによって絵がダイナミックになり躍動感あふれる作品ができるのだろう。ろう描きは色がにじまないようにろうで仕切るものだが、これもよく考えたものだと思った。ろうはこの他にも照明が入ると浮き出て見えるという利点があるのを実際に窓に透かして見せてもらった。すると、教室の中で見ていたのとはまるで違う迫力があり、こんなにろうの光ってすごいんだととても驚いた。また、ねぷた絵があれほど大きいものなのかとこれにも驚いた。とても楽しい授業だった。（教育学部　女子学生）

○心を育てなければ、若い人は育たない、という言葉が印象的だった。期待感を客に与えるため、同じねぷたは描かないという八嶋さんのお話しは、とても期待感を持たせる話し方でわくわくする。自分の仕事にほこりを持っているんだろうと感じた。また、間に合わないということは許されないという責任感も強く持っていらっしゃった。(農学生命科学部 女子学生)

○私の実家にも弘前ほどではないが、祭りがある。八嶋さんが言ったように、この津軽学を受けたことで、何か、新しいものを提供したり、考えるもととなったら良いと思った。(農学生命科学部 女子学生)

○大型ねぷたの大きさにまずびっくりした。教室の半分くらいになって、陽の光を通すと、もっと立体的になって、更に絵の中に躍動感があらわれた。祭の中で見るときとはまた違う迫力があってすごくうれしかったし、ドキドキした。でも本当は実際に描いている所をみたかったなあと感じました。また、絵は何を表しているか、点は雨を表していたり、全体は合戦を表していたり、津軽藩士為信だったり、絵自体の意味も知れて興味深かった。(教育学部 女子学生)

○八嶋さんが、なぜ、ねぷたの絵師になったのか。絵師が絵を描く姿を見て、「自分の小ささに気づかされ圧倒された」と言っていた。八嶋さんが月謝のことを師匠に聞いた時、「何のために教えていると思っているんだ、伝えないとダメなんど」と言われ、八嶋さんもそこから「伝統は後世に伝えていくことに意味がある」と気づいた。(人文学部 男子学生)

○八嶋さんが言っていた言葉で心に響いたのは「良いものでなければ真似されない」自分の作品の偽物が世に出て、自分が認められたということだ。ある分野のプロフェッショナルとは他人に真似される人だと僕は八嶋さんの言葉を聞いて思った。(人文学部 男子学生)

○八嶋龍仙さんは、とても美しい津軽弁で講義をしてくださった。ねぷた絵を含め、伝統的な文化は後世に伝えることが大切である。ま

た、それが出来るのは、その地で生まれ育った人しかできない。また、それはお金で買えない。龍仙さんは、絵を描く時は下描きをしない、頭の中に絵が出来ている。同じ絵は描かない、と話していた。ねぷた絵にかける情熱が伝わってきた。(農学生命科学部 女子学生)

○こんなに間近でねぷた絵を見たのは初めてだ。そして、絵の一枚一枚がとても大きいことに驚いた。印象に残ったのは、ひげや髪の毛の筆使いだ。また、とらの絵は迫力があった。どの絵もとても力強く豪快だった。感激した。(農学生命科学部 女子学生)

○私の友人は独学でねぷた絵を描いている。地元の小さなねぷたを製作するときに手伝うこともあったので、描く行程については、ある程度知識があった。だからこそ驚いたことがある。それは、ねぷたを描きやすくするための様々な技術が、八嶋龍仙先生が考案なさったものだということである。伝統を守りながらも、とらわれずに新しいものを取り入れる大切さを知ることができた。(教育学部 男子学生)

○ねぷた絵の描き方を知れてよかった。描くには大変な過程があり驚きました。でもその結果あのようなダイナミックで美しいねぷた絵になるのだろうなあと思った。ロウ描きするときに使用するロウは神社や寺院からもらったものを再利用していると知り、環境に優しいことも知り、また、最期の死者へのともらいにもなっていることも知り、ねぷた絵には色々な意味をもっているものだと知りました。(教育学部 女子学生)

津軽三味線歴史文化研究所　大條和雄
II　津軽三味線の歴史と実演

> **講義概要**
>
> 　津軽で生まれ、津軽で育った芸能、それが津軽三味線です。津軽三味線の生い立ち、背景等の歴史をわかりやすく学び、実際に津軽三味線という楽器はどういうものかを知り、津軽三味線の演奏はどういうものかを実際に生演奏で聴いて、津軽の芸能文化を体験する。時代と共に変化してきた津軽三味線の演奏の違いも感じる。

授業から学んだこと

　津軽三味線は、いつ頃から知られるようになったのだろうか。昭和31年日本放送協会出版が『東北民謡集』の本を出版した。この本を書いたのが武田忠一郎という人で「東北民謡の父」と呼ばれた。このなかでは、津軽三味線のことを「邦楽三味線家から言わせれば、ひどい邪道とまゆをひそめるに違いないが、見方によってはたしかに三味線弾法上の一つの進歩といえると思う。三味線を伴奏楽器より独奏楽器にまでひき上げたという意味で確かに大進歩である」と書かれていた。NHKの書物でさえも「津軽物の三味線」となっていた。この時点で津軽三味線のルーツはわかっていなかった。昭和58年「絃魂津軽三味線」を地元『陸奥新報』に連載してルーツをはじめて明らかにした。それまでは、歴史も知らないで津軽三味線が弾かれた。なぜ、武田忠一郎が、津軽三味線を「ひどい邪道」だと述べたのか。それは、日本の音楽の中で江戸時代に最も

発展したのが三味線音楽で、歌舞伎や義太夫の三味線（長唄）から諸派が生まれ、明治には二葉亭四迷が三味線音楽は、国民の精神だとか音楽の神髄だと言った。この精神とか神髄とは、邦楽三味線のことで江戸時代からいろいろな文献があった。文献で学ぶことを通して芸を深め、教養を高め、人格を高めるところに伝統芸能を育んだ邦楽三味線の歴史があった。そういう意味から、津軽三味線には歴史がなかった。昭和57年講師の大條氏が発表したのが発端でテレビ、ラジオ、新聞などで反響があった。その中には、ジャズ評論家からの手紙もあり、著書を読んで「津軽三味線とジャズの歴史が一緒であることを証明したことに痛く感動しました」と記された。そして、ドイツのメールス市で年に一度、ニュージャズフェスティバルを開催しているので参加しないかとの誘いがあった。昭和60年6月ドイツに行き、ニュージャズを聞いた。そこで、津軽三味線の魅力を再認識し、平成7年『津軽三味線の誕生』の著書を完成した。ジャズの魅力とは何か。それは「瞬間芸術」で、これが音楽の本質である。同じ曲の繰り返しでなく常に変わる。同じフレーズでも音色やリズムが変わり、常に進歩している。変容がオリジナルである。それは、一時に赤ちゃんが生まれることでなく、影響を受け成長し変化していくことである。そのオリジナルが津軽三味線にあり、ジャズにもある。もともと音楽の「根っこ」にある。

　仁太坊の話をしなければ、この「根っこ」はわからない。自叙伝みたいであるが、昭和20年8月15日の終戦を学徒動員先の第41海軍航空廠三沢工場で迎えた。東奥義塾4年生で剣道部の主将として、将来は武道専門学校に進学して教師になろうと思っていたが、戦後、学校制度が変わって剣道が中止になった。

　津軽人の気性は人まねが嫌いで負けず嫌いである。独自のものを出さないと駄目という風土精神がある。「じょぱり」の強情や「汝なだば（なんでなるものと）」の反骨精神である。

　仁太坊は、安政4年北津軽郡金木神原村の舟場の「渡し守」（船頭の船

写真2-1

小屋を渡し守小屋、略して「渡し守」と呼んだ）の息子として生まれた。産後の肥立ちが悪く母親がすぐに亡くなった。船頭は、士農工商の下の筋目悪き者の階層であった。下駄屋、床屋、馬具屋、銭湯などが判りやすく賤民にした。船頭の小屋を守と呼び、神原の「守屁（おなら）」と軽蔑された。8歳の時、天然痘（痘瘡）にかかって失明した。金木に川倉地蔵があるが、当時、賤民の赤子は母が他界すると軒下に放置され自然死するのが運命であった。仁太坊が生き延びたのは奇跡であった。仁太少年が生まれた安政時代の津軽人口は男児二人、女児一人という暗黙の産児制限のもとで「間引き」（津軽では「つぶす」）が平然と行われた。どうせ亡くなるなら、せめて生きている間でも喜びを与えてあげたいと父親が竹笛を与えた。この一本の笛が泣いていた仁太少年を元気づけた。笛で音が出る音楽の世界に目覚めたことで、周りの虫の音や鳥のさえずりが音楽に聞こえた。これは「悟り」を開くことで、お釈迦様の悟りではなく、「見えないものが見える」という意味においてである。仁太坊は目が見えな

くなったことで、逆に悟りが開けた。

　ある時、神原舟場に目の見えない三味線弾きが来た。この盲女芸人の三味線に感動して抱きついた。その姿を見た父・三太郎は、これで生きていけるかも知れないと感じた。「目の見えない女芸人が三味線を弾いて生活している。目の見えない男に出来ないことはねェー」と中古の三味線を仁太少年に与えた。9歳で三味線を手にした仁太少年は、誰からも三味線を教わることなく、独学で津軽三味線を切り拓いた。

　日本の音楽を支えたのは目が見えない「当道座」であった。これは、目の不自由な男性の治外法権的な幕府公認の組織で官職と呼ばれ、北津軽の当道座の官職は下位官職の座頭であった。平家琵琶、筝曲（琴）、三弦（三味線）を表芸とし、音楽に適さない盲人のために按摩、鍼、灸、指圧などの裏芸があった。裏芸は医療で収入も安定し、幕末の津軽領内の座頭の多くは裏芸があった。座頭の下に坊（初心）がいた。座頭になると「一人扶持（一日五合の米の支給）」の恩恵があった。また、扶持の所得のほかに運上金という雑税の徴収が公認され、手厚い保護と特権が与えられた。

　津軽三味線は明治、大正、昭和初期まで坊様三味線と呼ばれた。坊様とは、男盲の門付け（津軽では門かけ）芸人のことで「ホイド」と呼ばれた。そのため、ホイド三味線と呼ばれた。ホイドは祝人のことで神社や寺院などのお札を持ち歩き、門口で寿詞を述べて物乞いする乞食である。島崎藤村の小説に同和があるが、津軽にも差別社会が存在した。たとえば、「あんさ（兄さん）人を小馬鹿にするもんでねェ。ホイド（乞食）はとっくに辞めしたねェ」を理解するのに苦しみ、これについて調べてみようと思った。津軽には棟方志功が生まれ世界の版画家になった。石坂洋次郎などを生んだ文化の高いところであったが、津軽三味線の歴史に目を向けなかった。それは文献がなかったからである。なぜ文献がなかったのか、それは民俗学者も小説家も文化人もホイド（坊様）に目を向けなかったからである。坊様を研究して後世に残すに値しないと思ったから誰も

残そうとしなかった。そのため、昭和31年『東北民謡集』でも、津軽三味線が「ひどい邪道」と評価されたほどであった。それでは、津軽は文化の低いところかというと決してそうでない。そうでないことを立証しようと立ち上がった。特攻隊で失ったかも知れない命を研究に捧げた。「じょぱり」の精神で昭和21年からの出発であった。ところが、肝心の津軽三味線に関する文献や資料がまったくなく、坊様や家族縁者への取材が唯一の手がかりであった。しかし、取材先では「胸ぐら」をつかまれ外へ放り出されたり、塩をまかれたり、打ち水の水を浴びせられたこともあった。坊様の名誉を回復したい熱意は容易に理解してもらえなかった。なぜかというと、自分たちのお父さん、お祖父さん、ひ孫たちが物もらいのホイドコ（ホイドコのコは愛称で津軽弁の特色の一つである）と言われた恥ずかしい過去を子孫に背負わせたくないとの思いがあったからである。たとえば、「あれは孫が生まれたとき、全部捨てました。孫にホイドの過去を知られたくありません」とか、「俺ァ家のことは、勝手に調べてもマイネ（駄目）、人さしゃべってもマイネ。ものに書いだら、だだではおがねェ!!」などと言われた。多くの資料があるが8割は書けない資料である。

　そうこうしているときに、昭和31年『東北民謡集』で津軽三味線が「ひどい邪道」との指摘を知って、これは他県の人には書けない、津軽の人でなければ書けないとの気持ちを新たにした。昭和31年という年は、大條氏の人生にとってカルチャーショックの年でもあった。同じ年、棟方志功がグランプリーを、文学の師匠である今官一が直木賞を受賞した。大正3年生まれの外崎坊様の所に話を聞きに行ってもいつも断られるので、何か糸口をつかみたいと思い、実は、坊様の三味線を好きで習いたいと思っていると「口から出まかせ」に話すと、目の見えない坊様は、三味線を習いたいのなら三味線を持ってきたか尋ねられびっくりした。これが「悟り」となった。すなわち、三味線のことを調べようと思いながら、三味線に手をかけたことがなかったのである。「何と愚かな

ことであろうか！」そこで、中古の三味線を持って習いに行った。そこから研究がいっきにはかどって本を出版するまでになった。何事も体験が大事であることを肌で学んだ。チャレンジし、そこでの実学から道が開けるものである。自分は目が見え、耳が聞こえても弾けないのに、目の見えない坊様がどのように三味線を習うことができるのだろうか。そこに実学としての津軽三味線との出会いがあった。

　アメリカのジャズは、アメリカ南部のプランテーション（農場）で働く貧しい黒人層が生み出した音楽である。奴隷から解放され自由の身となった黒人は劣悪な条件で農場で働いたが、働きたくとも働けない人たちもいた。それは、目の不自由な人たちであった。ブルースの源流に遡れば、盲人のブルースシンガーが多く、津軽三味線と同じような境遇にあった。ジャズにも師匠がいない、独学で天才的な音楽家がリードした。

　望郷の念に駆られ、津軽の風土を伝えたのが津軽三味線のはじまりであった。今では民謡が津軽三味線となっているが仁太坊の時代は違った。人間の喜怒哀楽を三味線で表現すればこうなるのではないか、津軽の四季を三味線で表現すればこうなるのでないかと弾いたのが津軽三味線のはじまりであった。津軽三味線は、東京オリンピックを契機として日本全国に広まった。なぜ、広まったのかといえば、邪道三味線だったからである。このように、歴史は調べてみれば面白い。邪道三味線であるがゆえに基本となる本もない。当然、仕来りとか格式とかもない。したがって、正調津軽三味線もなく、基本となる教本がないから津軽三味線が広く普及した。

　明治4年廃藩置県によって当道座が廃止になり、生活苦に陥った。ホイド（乞食）は、仁太坊のように三味線を弾いて物もらいをしなくてはならなくなった。

　大條氏は、ロンドン大学のSOAS（アジア、アフリカ学部）で津軽三味線の生成と題して講義した。津軽三味線には、ジャズと同じように柔軟性があることに驚いたとの高い評価を受けた。坊様三味線、ホイド三味

写真2-2

線の実証的裏づけ、津軽の風土と歴史の光りと陰、そして仁太坊哲学について語った。三味線の皮が猫、犬と聞くだけで嫌悪感を買うのではないかと恐れたが大丈夫であった。

　以上、津軽三味線の歴史のユニークさを大條氏の豊富な経験を交えて話された。この授業を通して、「津軽学の歴史と文化」の原点を学ぶことができた思いであった。この後、津軽三味線の実演が行われた。

　講義を補う文献として、大條和雄『定本絃魂津軽三味線』(津軽三味線歴史文化研究所、2007年)や大條和雄『津軽学——津軽三味線』(文芸津軽者、2006年)など多くの著書がある。

〔備考:本章をまとめるに当たり、大條和雄『津軽学——津軽三味線』(文芸津軽者、2006年)を参考にした〕

学生からのフィードバック

○津軽三味線をはじめて聴きました。たたき三味線であり、強弱のメリハリが大切となってくる津軽三味線で、四季を表現することができるのには驚きました。また、津軽三味線は邪道三味線であり、基本がないという点で日本に広がっていったのは興味深かったです。私も津軽三味線をやってみたくなりました。(教育学部 女子学生)

○実は、私は津軽三味線サークルに所属しているのですが、興味深い話をたくさん聞くことができて本当によかったです。特に津軽三味線の始祖仁太坊の話やジャズと津軽三味線との共通点などがおもしろかったです。大條先生のお話を聞いて今までよりもっともっと津軽三味線が好きになり、もっともっとうまくなりたいと思いました。(人文学部 女子学生)

○私はこの授業で、津軽三味線を生で初めて聴き、感動した。なぜなら、生で聴く津軽三味線の音は、普段テレビなどを通して聴く津軽三味線の音とは全く違い、とても躍動感があり、心に響いてきたからだ。また、津軽三味線は常に演奏が変わる瞬間芸術であるというところに面白さを感じた。同じ曲でも演奏者が違ったり、同じ演奏者でも演奏する時の気分が違ったりすると、全く違う曲のようになり、その違いが演奏者一人ひとりの味になっていくのだなぁと思った。(教育学部 女子学生)

○文化と文化が接触して変化したり、新しいもの、オリジナルが生まれていく。ジャズと三味線の共通点に少し驚いた。ジャズは楽譜がないと聞いたことがあり、そこから"自由"というイメージが沸くが、三味線も自由であるというのだ。青森出身なので津軽三味線を生で聞くのは初めてではなかったが、力強い音色に鳥肌がたった。(理工学部 女子学生)

元弘前大学名誉教授　佐藤武司
Ⅲ　津軽塗の文化と歴史／実習

講義概要

　津軽塗と呼ばれている漆器類がある。これら漆器の表面意匠は、江戸時代、江戸の最先端の技法が津軽へ導入され、その技法によって塗られたものである。

　今日の津軽塗と江戸時代の漆器を比較すると大きな違いがあり、「これは本当に江戸時代の津軽塗ですか？」という疑問が生じる。津軽塗を注意深く観察すると、日本人の自然観・仏教や儒教の教え・西欧近代文化の影響が凝縮されていることに気付く。津軽の伝統文化の謎を講義と漆器の鑑賞を通して理解し、漆器の艶の出し方を体験学習によって体得する。

授業から学んだこと

　「物の移動」を通して「伝統」ということについて理解を深めることができた。物の移動には、物理的なもの、動物的なものに加えて植物的なものが考えられる。とくに、最後の植物的な移動は面白い。その土地に適しているかどうか、移植に適した時期はいつか、根付いて成長するまでに時間がかかる。植物的な移動は、技術の移動あるいは文化の移動によく似ている。

　弘前藩に漆（うるし）塗り技法が入ってきたのは400年位前であり、長い歴史がある。40年前、大学に助手として赴任した後、津軽塗の職人のとこ

ろで漆を塗る技術を学んだ。幸いなことに漆に触っても「かぶれない」ことを知り、漆に触れることが怖くなくなり、塗りも教わろうと決心した。その頃、「津軽塗とは何か」、はっきりしなかった。職人に津軽塗とは何かと尋ねると、「津軽塗はヒバ材の木地に漆を塗ったもの」だと説明された。ヒバ材以外のもの、「例えば、ブリキの茶筒に塗られたものは、津軽塗ではないのか」と尋ねると「それも津軽塗だ」というのである。すなわち、津軽塗の木地は何々だという説明は適当でないことがわかった。

　津軽塗の道具について尋ねると「仕掛けベラ」だと言われた。仕掛けベラを使わずに刷毛だけで塗るのは津軽塗ではないのか。道具で津軽塗と決めることはできない。技法は「唐塗り」だと言うが、これも「そうだ」とは言い切れない。古い漆器の意匠や文様はどうだったのか、詳しく調べてみると多種多様であり、津軽塗の意匠は「これだ！」と特定できない。

　しかし、津軽の漆塗りの歴史を調べてみると二つの明確なことがわかった。それは、「変化していないこと」と「変化してきたこと」の二つをもっていることがわかる。津軽塗の職人は、「意匠は、津軽独特のもので他に類例がない。他の地域では見られない」と信じていた。ところが、学生と一緒に福井県の小浜や石川県の金沢で調べたら、同じものがあることがわかった。そこでは、津軽塗の唐塗りと同じ技法のものがあることに気づいた。津軽塗に似たものは、他所にもある。さらに、調査してみる必要があると考えた。研究は、ここから始まった。津軽塗の歴史を

1. いつ	江戸時代	明治時代	現代
2. どこで	津軽地方	津軽地方	津軽地方
3. 誰が	塗師	職人	職人・作家
4. 誰のために	藩主	商人、地主、町人	多くの人々
5. 何を	漆	漆	漆
6. どのような物に	鎧甲、刀鞘、広蓋、湯次	椀、盆、重箱、生活用具	生活用具
7. どんな技で	黒塗、朱塗、変わり塗（鞘塗り）	黒塗、朱塗、変わり塗	変わり塗
8. どうしたか？	塗った	塗った	塗った

次のような視点で調べ、その特徴をとらえてみた。

　以上からわかることは、津軽の漆塗りで江戸時代から「変化していないもの」は「津軽地方」、「漆」、そして「塗った」ということである。「津軽塗とは何か」の定義づけには、「津軽地方で漆を塗った」ものとすれば良いことになる。すなわち、何が今日まで「変化していないもの」かが、定義するために必要ということになる。

　「変化しているもの」が伝統である。伝統とは継続していることであり、継続には力がある。伝統は何かを取り入れ、何かを捨てながら生きている。伝統は、形を変えながら生き続ける「生き物」である。「伝統は何かを取り入れ、何かを捨ててきた変化」である。現在の津軽塗と江戸時代のものは違う。514枚の江戸職人が作った津軽塗のファイルが紹介された。今、江戸時代の伝統的な津軽塗が見直されている。

　佐藤先生は、アメリカのテネシー大学でも津軽塗の講義をされた。アメリカ人に日本伝統の漆器の文化を教えた。不思議なことに、アメリカの学生は使用後の刷毛（ハケ）の手入れの仕方に興味を示し、「これは応用できる」と喜んでくれた。

　現在の津軽塗には、4つの技法しかない。一つは、「唐塗」で、赤い色をした赤あげの唐塗、緑色をした青あげ、茶色をした栗皮あげなどがある。次が、「ななこ塗」（魚々子塗、七々子塗と呼ばれている）である。これには赤種の黒上げ、黒種の赤上げがある。さらに、錦塗もある。最後が、紋紗塗というものである。これらの4つ技法は伝統的工芸品の津軽塗である。これらは固定的となり、発展性に工夫が必要である。

　漆器をどのようにして評価するのか？　作品を光の下で比較してみると品質の善し悪しがわかる。数名の学生が実際に手にとって、蛍光灯の下で二つの漆器を比較して違いを確かめた。鏡のように映る方が良い。これは、素人の見分け方である。プロの職人は、「材料」、「時間」、「労力」、そして「目標」の4つの点から見分ける。例えば、江戸時代のものは、材料は吟味して良いものを使う。材料の機能が最大になるように時

間をかける。手でゆっくりと労力をかける。目標もあくまでも好評においている。しかし、現在の新製品では、材料は無駄なく活用する。時間も短縮し、作業もロボットの労力にたより、目標も利益目的である。

どちらも良い要素を持っている。伝統を活かすために、変化を与えることが大切である。

古い技術の評価と新しい技術の評価の新旧融合が伝統文化に求められるのではないかと考えている。

翌週の授業では、体験学習と通して漆器の艶の出し方を体得した。教育学部の木工教室で実習した。多くの学生が参加して、自らの作品の制作に挑戦した。教室では見られない学生の生き生きとした真剣な眼差し

写真3-1 『陸奥新報』(2006年7月26日)

が印象的であった。参加者全員がペンダントの作品を仕上げて感動した。

学生からのフィードバック

○津軽塗は津軽地方で漆を塗ったものと定義される。種類は唐塗、ななこ塗、錦塗、紋紗塗に分けられる。江戸時代と現在では材料・時間・労力などが異なるが、それぞれに良さがあるため、新旧融合が必要なのだ。伝統とは継続であり、継続には力がある。伝統がもつ力とは説得力や信頼で、何かを摂取し、排泄する点で伝統は生きているといえるだろう。変化しないものと、変化するものによって伝統は存在しているのだ。伝統的工芸品は値段は高いが、それだけ良いものでもある。(教育学部 女子学生)

○江戸時代、明治時代、そして現在の津軽塗の技術や塗られる対象物などを比較すると、ずっと変化せずに受け継がれてきた部分と、古いものが取り払われ、新しいものが取り入れられている部分とがあった。伝統とは普遍的なものというイメージがあるが、このへんこそが生きた伝統なのである。また、福井県小浜の若狭塗が津軽塗の起源であること、実際に塗りの手本板を見て津軽塗の技術を知ることができて興味深かった。(人文学部 女子学生)

○津軽塗の定義は津軽地方で漆を塗ったものというとてもシンプル形である。私たちは津軽塗は津軽地方の重要な伝統で、後生まで大切に守らなければならないと思いがちだ。しかし実際はそうではなく、伝統は生きており、日々その姿を変えているのである。新しい技法を生まなければ伝統はそこで死んでしまう。新旧融合こそ、今、津軽塗の伝統には求められている。(人文学部 女子学生)

○漆器塗膜の艶はどのようにして生まれるか。それは漆(透明)を塗ることと、研磨による。研磨の場合、紙やすりを用いる。400→800→1500→2000と砂の粒度がどんどん細かくなっていく。艶を出すためには、ひたすら時間をかけて丁寧にやすりをかけることに

尽きる。テーブル一つ仕上げるのに18時間かかるらしい。いかに大変であり、かつ重要な作業であるかがわかる。手抜きをすると傷が残り、美しい艶は生まれない。職人の根気によってあの艶はつけられているのだ。（教育学部　女子学生）

○漆器の美しい艶は漆と研磨によって生まれていることが分かった。実際に研磨の段階をやってみてとても大変だと思いました。何種類もの紙やすりを使い、力いっぱいすみずみまで磨くことを知り驚きました。真剣にやり、とても疲れました。でも完成したときはとても達成感も味わえ、素人なりにきれいに仕上がったと思います。こんな素敵な津軽塗をこれからも大切に伝承していってほしいと思いました。とても楽しかったです!!!（教育学部　女子学生）

○実習をとても楽しみにしていたので、テスト期間の重苦しい気持ちも、水曜2コマには一気にふきとびました。何種類もの、粒度の異なる紙やすりを使って、自分だけの模様を作り出すことに面白さを覚えた。過去（おそらく中学時代）にも漆芸体験をしていたことを思い出し、同じ実習でも、今と昔では感じるものに違いがあって自分自身心の成長を感じる機会にもなった。（人文学部　女子学生）

○津軽塗の艶は色を塗って出すのではない。それとは反対の研磨という作業によって出すのである。それも一度や二度ではなく、やすりの種類を変え、何度も磨き上げるのだ。津軽塗は、お椀やお盆など、若い人達にはあまりなじみのないものというイメージがあったが、少し考え方を転換すればアクセサリーなど様々なものができるのだと体感できた。実際にものを作るということは、本で読むより数倍の説得力がある。私たちがやったのは津軽塗のほんの一部ではあるけれど、今回の体験はとても良い経験になった。（教育学部　女子学生）

○津軽塗の艶は何度も何度もヤスリで磨きをかけることで生まれてくる。実際に自分でやってみて、なかなか傷をつけずにきれいに磨き上げるには根気がいるなと感じた。ちょっとでも油断をして手を抜

くと、その部分に艶が出なくなってしまう。津軽塗には一つ一つに職人の思いがこめられているのだと思う。（農学生命科学部　女子学生）

備考
　ある学生が精魂込めて仕上げた作品（ペンダント）が、新聞紙を片づけたときにゴミ箱に捨てられてしまった。濡れた新聞紙をゴミ箱から拾い集めて探したが、小さな津軽塗の作品を見つけることができなかった。このことを知った佐藤先生は、せっかく学生が精魂込めて仕上げた作品だからと、授業が終わった後も探し続け、作品を探し出し、それに紐を通してペンダントにして届けてくれた。翌週の時間に学生に手渡した。紛失したと諦めていた学生は、「自作」との再会に感動した。体験実習が結んだ講師と学生の絆であった。

元弘前中央高等学校校長　舘田勝弘
Ⅳ　石坂洋次郎『青い山脈』

> **講義概要**
>
> 　石坂洋次郎の「青い山脈」は、戦後の津軽を舞台とした作品である。石坂が学園を舞台とした作品には戦前の「若い人」があり、戦後は「青い山脈」があると言える。この間に、石坂はフィリピンで長期にわたる二度の従軍体験をしている。この体験は石坂に何をもたらし、「青い山脈」にどのように反映されているのか。さらに、戦後の『朝日新聞』が新聞小説を再開するに際し、「青い山脈」を最初に取り上げた意味もあわせて考える。

授業から学んだこと

　青森県近代作家群像として13名（佐藤紅緑、福士幸次郎、秋田雨雀、高木恭造、北畠八穂、葛西善蔵、石坂洋次郎、北村小松（南部）、太宰治、今官一、三浦哲郎（南部）、長部日出雄、寺山修司）の作家があげられた。青森県は、文学県として名を馳せている。「津軽学──歴史と文化」の授業では、太宰治と石坂洋次郎の文学について取り上げているが、ほかにも優れた文学者を輩出し、現在も活躍している作家のことも話され、何よりも互いに関連していることが興味深かった。現在でも、多くの読者に愛読される太宰治の存在が大きい。現在活躍している三浦哲郎や長部日出雄に影響を与えているのが太宰治である。太宰治が尊敬した郷土の先輩作家といえば葛西善蔵である。実は、石坂洋次郎は、太宰治が尊敬した葛西

善蔵の弟子であるという繋がりがある。

　次に、石坂洋次郎の略歴の説明があった。石坂は、1900（明治33）年7月25日に弘前市に生まれた。県立弘前中学校（現・県立弘前高校）から文学に興味をもち、同人誌『ひとみ』に短歌を掲載し、漠然とながらも、作家を志望するようになった。卒業後、慶応大学予科を受験したが失敗、浪人した後に入学した。注目すべきは、弘前出身で横浜聖書学院（現・フェリス女学院）在学中の今井うら（弘前女学校の卒業生）と「学生結婚」をしたことである。当時、恋愛結婚など少ない時代で、恋愛のことを「好連れコ」（すきづれコ）と呼ばれたことからも珍しいことであった。当時は、「驚天動地」の出来事であった。学生結婚、そして子どもが生まれた。

　慶応大学文学部国文科を卒業して大正14年25歳のときに、県立弘前高等女学校（現・弘前中央高校）に就職した。大正8年3月「高等学校教員規程」で大学・専門学校卒業生が無試験検定で中等学校教員への道が開かれたからであった。それまでは、高等師範学校あるいは国立大学の卒業生でなければ教員にはなれなかった。弘前中央高校に残された石坂関

写真4-1

係の資料によれば、最初の給料は7級俸90円であった。これは、当時としては高給であった。男女間での給与の格差が歴然とした。石坂が教師としてどうであったかは記録に残されていない。

　石坂の「金魚」(昭和8年7月発表)の作品の説明があった。これは、葛西善蔵が弘前に滞在したときに世話した様子を作品化したものである。市内の一流旅館に宿を借りて葛西の面倒を見ることになった。葛西は、作品を一編書けば、旅館代をチャラに出来ると公言した。石坂と葛西の「人間ドラマ」を、葛西の没後に作品化したのが「金魚」である。これは、「若い人」さらには「青い山脈」に先駆けた作品であった。この作品は石坂に意味があった。なぜなら、作家として名を馳せるには、その当時の作家を超えなければ認められなかったからである。石坂にとってその「作家」が誰かというと、それは葛西善蔵にほかならなかった。その意味で「金魚」という作品には、葛西善蔵の姿がはっきり表されていた。葛西の作品は私小説の神様といわれたが、その葛西を赤裸々に描いたのが「金魚」であった。そこに石坂が葛西を乗り越えようとした姿を読み取ることができる。石坂と思われる主人公が勤務校に出した届けには、遅刻、早退、欠勤の繰り返しで「満身創痍(まんしんそうい)」の生活であったと描かれている。ところが、実際、学校の出勤簿の記録にはそのようなことは一切見られない。夏休みの1ヶ月の間、葛西善蔵に振り回されたものと想像される。

　後日談になるが、葛西が作品を執筆しないと旅館代も払えないと心配して石坂に何か作品がないか尋ねたことがある。そこで、石坂が書きためた作品『老婆』が葛西善蔵名で発表され、新たな分野として注目されたが、実は、それは石坂の作品であった。

　その後、石坂は秋田県立横手高等女学校(現・横手城南高等学校)へ転任したが、その理由ははっきりしない。理由として考えられるのは、秋田の方が月給が高かったこと、葛西から逃げたかったことなどである。当時、秋田での月給は105円と弘前よりも高かった。当時、15円も上がることは10年以上も勤めなければならないことと同じであった。秋田

県立横手中学校(現・横手高等学校)に勤務中に「若い人」「金魚」「麦死なず」の優れた文学を世に出して注目された。昭和11年1月、36歳のときに「若い人」により第1回三田文学賞を受賞した。また、8月に「麦死なず」を発表して話題となった。これは、自分の妻が左翼系の作家と「駆け落ち」するというショッキングな出来事を題材に赤裸々に描いて作品化し、夫婦の危機を取り上げたもので横手に住めないような出来事となったが、これが原因で教師を辞めることはなかった。なぜなら、それが「作品」であったこと、また運良く「若い人」で三田文学賞を受賞した直後であったことなども影響した。このような事件で自分が死んではいけない気持ちが作品の表題「麦死なず」に込められた。作家は、赤裸々に自分を描くことであると教えたのが葛西善蔵であり、それを忠実に描いた作品が「金魚」であり、「麦死なず」であった。この二つの作品で作家・葛西善蔵を乗り越えた。

　石坂は『若い人』で流行作家となった。ここでも、試練が待ちかまえた。この作品が映画化され大ヒットした。そして、14年間の教員生活後、職業作家の道を歩むことになったが、その契機となったのは、『若い人』が不敬罪、軍人誣告罪で右翼団体に告訴され、不起訴となった経緯があったからである。昭和13年、38歳のときに教員を依願退職した。これを機に教師と作家の二足の草鞋を捨てた。そのときの気持ちを俳句に詠んだのが「柿一つ空の遠きに堪へんとす」であった。

　横手市には独立した石坂洋次郎文学記念館があるが、出身地の弘前市には郷土文学館内に石坂洋次郎記念室しかない。横手市は、作家・石川達三の出身地であり、石坂洋次郎文学記念館から数百メール離れたところに生家跡もある。出身地であれば、同じように石川達三文学館があっても不思議でないが、そのようなものはない。実は、太宰治が芥川賞の第1回を受賞したいために、川端康成などに手紙を書いた自筆の書状が残されているが、第1回芥川賞を受賞したのが石川達三の『蒼氓』の作品であった。これは、秋田県からのブラジル移民を描いた作品である。

それにもかかわらず、石川達三文学館は建立されていない。それは、多分、12年以上にわたって教師として学校教育に携わった石坂の功績の表れであったと思われる。当時、石坂が教えた横手高等女学校、とくに、横手中学校の生徒は、後に、市役所で中心に活躍したので、恩師の記念館を作る働きに繋がったと思われ、「教育」の影響力の大きさがわかる。

国家総動員によって誰もが戦争にかり出された。作家も例外でなかった。石坂もフィリピンに従軍した。石坂は、昭和16年12月8日の真珠湾攻撃のニュースをフィリピン上陸直前に輸送船の中で聞いた。詳細は、戦後に発表された「マヨンの煙」(昭和52年10月刊行)に描かれている。舘田勝弘氏が、平成8年に青森県近代文学館の特別展「石坂洋次郎」(写真参照)を準備するために、石坂の娘さんから色々な資料をいただいた時に「マヨンの煙」の自筆原稿をもらった。

作家は、書き損じた原稿用紙を丸めて捨てるイメージが強いが、石坂の残した原稿には用紙の両面を使い、紙を大切にしたことを伺わせる。

写真4-2

この中で捕虜になったアメリカ兵やフィリピン兵が徒歩で収容所まで何日も歩かされ、次々と倒れて死んでいく「バターン死の行進」最前線で過ごしたことがわかる。実は、太宰治も一緒に戦争に行く運命にあったが、結核に病んでいたので兵役を免除された。

フィリピンでの従軍体験記を綴った「マヨンの煙」には、フィリピン女性とアメリカ兵の恋愛が描かれている。当時、フィリピンで恋愛結婚が行われたことが書かれている。一方で、日本人女性の恋愛については、「浴みする女」のなかで描き、両者の違いも表している。石坂は、フィリピン滞在中に多くのアメリカ映画を見た。『風と共に去りぬ』も戦時中に見た。そのような作品を通して日本とアメリカの違いを実感した。両国の違いの大きな特徴は、日本映画は、「継子いびり」が中心テーマであったが、アメリカ映画にはそのようなものは見られなかった。フィリピンでの従軍体験が、『青い山脈』のなかにも出てくる。

『青い山脈』は、戦後確立まもない草創時の作品として見ることができる。これは、『朝日新聞』で昭和22年6月9日から10月4日までを同時進行の形で10章にまとめたもので117回掲載された。各章は、日曜日、試される者、根をはるもの、味方の人々、一つの流れ、理事会を開く、ならず者、和解へ、リンゴの歌、みのりの秋、となっており、読者が時代の流れとともに、作品の虜になっていく姿が想像できる。当時の新聞は4頁のもので、石坂の作品は戦後初の小説として連載された。この作品は、連載後すぐに、12月に刊行され、二種類の初版本が出回ったことからもベストセラーとしての人気の高いものであったことがわかる。昭和22年といえば、敗戦間もないことで、紙の支給も十分にない社会状況下で売れる作品しか刊行されなかった。その後、映画化された。

『青い山脈』は、津軽が舞台であるといって良い。その根拠の一つは、疎開生活が描かれていることである。石坂の三女路易子は、私立弘前女学校の生徒であった。都会からの疎開であったことから問題を起こし、石坂は何度も学校に頭を下げに行った。このような実体験が、『青い山脈』

にも表れている。『青い山脈』には、「偽ラブレター事件」が描かれている。誤字と仮名遣いの間違いを「恋愛」という新しいキーワードで描いたもので、当時の社会状況を克明に表している。たとえば、「ああ、ヘンすいヘンすい私のヘン人・新子様。ぼくは心の底から貴方をヘンすおるのです……」である。これが津軽を舞台にしたものであることは、林檎密移出事件が描かれているところからもわかる。

　『青い山脈』の意図はどこにあったのか。健康な娯楽と民主主義を理解させる小説が求められていたことを伺わせる。

　編者もこの時代に強い関心をもっていたので、舘田氏の話を興味深く聞いた。たとえば、文部省は、昭和22年8月『あたらしい憲法のはなし』を刊行し、基本的人権の主張も萌芽した。敗戦直後からGHQは、民主主義に根ざした教育改革を推し進めたが、アメリカ民主主義の基本は地方分権であり、地方からの民主化の動きが期待され、地方軍政部も奮闘した時代であった。石坂の『青い山脈』は、小説を通して、民主主義の理解を深める役割を果たしたのではないかと考えている。『日本国憲法』に女性の権利の理念が盛り込まれ、そのことを憲法条項として草案したベアテ・シロタは、当時のアメリカ憲法でさえも女性権利はおろか、女性という言葉さえもなく、「パーソン」で表現されていた時代であると証言している。民主主義は実践することに意義がある。文部省は、昭和23年『民主主義』という教科書を刊行して民主主義の実践に努めた。これは、長い間、GHQが草案して日本人が翻訳したものであると思っていたが、実は、日本人が最初から草稿したもので、民主主義のルーツが根底にあったことを知って驚いた。

　当時の社会状況を勘案すると石坂の『青い山脈』の作品は、戦後民主主義の動向を先取りしたもので、その舞台となった津軽が発祥の地であったと言っても過言ではない。原節子主演の映画『青い山脈』が無性に観たくなった。

　講義に関連して、弘前市教育委員会編『青春群像・大衆の心を描き続

けた 石坂洋次郎』の冊子があるので参考にしてもらいたい。

受講生からのフィードバック

　○石坂洋次郎という人物について深く知ることができた授業となった。作家の人生はどうしてみな、ドラマ的なのだろうか、と考えるきっかけとなった。私は作家に対し、非常に多彩な才能を感じている。それは、彼らの生きた人生そのものが、大きく影響していると思うからで、そんな生き方をしたいと授業を受けて改めて思った。青い山脈についてもっとお話しを聞きたかった。（人文学部　女子学生）

　○石坂洋次郎は当時珍しかった学生恋愛結婚をしたそうだが、その事実も石坂の作品に反映しているのだろう。生い立ちから見ていくことでその作家の色が見えてくる。石坂の作品中に出てくる「し」と「す」の間違いというか混同についてだが、あれは津軽弁が関係しているのではないか。津軽弁では「し」と「す」は両者の中間のような発音があり、「し」が「す」、「す」が「し」に聞こえることが良くあるから。（人文学部　女子学生）

　○石坂洋次郎という人を私は知らなかったが、この講義を受けてとても興味をもった。戦争真っただ中のこの時代、彼のような人間はとても生きにくかったに違いない。自分の好きなことを書けば法に触れるとして捕まり、恋愛をしては変な目で見られ。時代が時代なら、彼はもっとのびのびと作家生活を送れたのかもしれない。しかし、逆に言えば、彼にとってその境遇は必然だったのかもしれない。それは彼の中にフラストレーションを作り、それが彼に作品を書かせる大きな原動力になったのではないかと、私は思う。（人文学部　女子学生）

　○青森県は東北6県の中で文学者のレベルが高く、それは太宰治の存在が大きい為だ。その太宰が尊敬していた葛西善蔵。その弟子が石坂洋次郎。彼は師匠の葛西を超えるために葛西と自分をモデルとし

た『金魚』を書き上げる。葛西は「作家というものは、自分の事をセキララにかかなければいけない」とし、石坂はこの『金魚』と後の『麦死なず』で実証する。『青い山脈』ではフィリピンより帰国して戦後草創期の作品となる。（人文学部　女子学生）

〇津軽からは多くの有名な文学者が誕生した。この地の厳しい寒さに耐え、春の兆しを喜ぶ感性豊かな心がそうした作品を育てたのだろうか。また、この地の芸術家には津軽をこよなく愛し、津軽の作品を手掛けた人が多くいるだろう。美術の面で言えば棟方志功である。そして文学者では石坂洋次郎が挙げられるだろう。『青い山脈』は名前は聞いたことがあるが読んだことがない。この機会にぜひ読んでみようと思う。石坂洋次郎は自分の実体験を赤裸々に作品に載せている。それは事実をありのままに受け入れ、それも自分の人生の一部だと受け止めているからなのだろうと私は思う。もっと彼について知りたいと思った。今回の授業で石坂洋次郎という人を少しでも知ることができてよかった。（教育学部　女子学生）

〇石坂洋次郎の作品の中で『金魚』が気になった。この作品は私小説の神様であり、師である葛西善蔵との関わりについて描いた作品である。この作品に石坂は「葛西善蔵を越えたい」という思いを込めた。どのように葛西善蔵を描いているのだろうか。また、『青い山脈』では時代と同時進行で章が進んでいく。石坂の作品に触れてみたいと思った。（農学生命科学部　女子学生）

〇石坂洋次郎の作品は読んだことはなかった。石坂洋次郎は多くの作品を新聞などに掲載されているが、やはりその時代にない新しい方向性を石坂洋次郎が開いてきたためであるのではないか。また、石坂洋次郎は多くの作家と接触し、そこからも影響うけてきたことがわかる。（農学生命科学部　女子学生）

〇葛西善蔵とのドロドロした関係など、自らの周りでのことを小説にし、多くの人に読まれてしまうことは恥ずかしくないのかと疑問に

思う。『青い山脈』を読んだことがないので、あまり深く考えることが出来なかったが、フィリッピンでの従軍により、石坂が『風と共に去りぬ』などの映画にふれ、日本との違いを感じていたと知り驚いた。津軽出身の作家がたくさんいる。彼らの作品を今度読んでみようと思った。（人文学部 女子学生）

備考
　次年度は、『青い山脈』の映画の中の女子生徒の溌剌とした様子をラブレターというキーワードを通して当時の社会背景の楽しい講義であった。「青い山脈」とは、若い人の群れを意味する。この作品は、最初、朝日新聞で連載され、敗戦直後の日本国民に健康な娯楽と民主主義の昂揚を意図した。しかも、学校を舞台に民主主義のあり方、男女交際の健全なあり方を描いたものである。小説には、「封建」という表現が5回、「民主主義」が12回、「民主化」が5回も登場する。当時の地方民主化がGHQ軍政部の意向も反映して、民主主義の担い手としての女性がいきいきと描かれている。当時、マッカーサーは日本の民主化のバロメータとして女性の権利や解放の理念が盛り込まれ、憲法草案に若き女性ベアテ・シロタを密かに加えたという経緯があった。
　小説の舞台は地方で、津軽、弘前、浪岡、碇ヶ関などの地名のほか、三女の路易子が通う私立弘前女学校では「偽ラブレター事件」に近いものが実際にあった。また、りんごの歌や闇市などの様子が描かれている。
　『朝日新聞』(1994年8月14日、社説)「『青い山脈』は越えたのか——戦後50年 明日を求めて」で、石坂洋次郎自身も日本の民主化がそれほど簡単であるとは考えておらず、「青い山脈」の登場人物の一人、沼田医師に、「なるほど、新しい憲法も新しい法律もできて、日本の国も一応新しくなったようなものですが、しかしそれらの精神が日常の生活の中にしみこむためには、五十年も百年もかかると思うんです」と語らせていることを紹介し、半世紀が過ぎ去ろうとしていると結んでいる。
　今、その憲法が国民の中に漸く浸透しようとしているが、一方で、憲法改正も叫ばれる。

浪岡高等学校教諭　相馬明文
V　旧制弘前高等学校の太宰治

講義概要

　昭和2年(1927)4月、津島修治は旧制弘前高等学校に入学した。この時既に同人誌『蜃気楼』や『細胞文藝』に初期作品を発表していた。3年12月新聞雑誌部委員となってからは「弘高新聞」「校友会雑誌」などを発表舞台に加えた。5年『座標』が創刊され『地主一代』の連載を開始。3月作家太宰治への資質を醸成した3年間の弘高を卒えた。

授業から学んだこと

　「仮装の表現者　出発の確立」と題して話された。冒頭で、作家井上靖が仮に文章（小説）のオリンピックのようなものがあって各国から代表選手をひとりずつ出すとしたら、日本の代表は太宰治しかないと言った興味深いエピソードが紹介され、郷土作家・太宰治の偉大さが再認識された。

　金木第一尋常小学校時代から優秀さを洞察された太宰治(津島修治)は、小学生時ほどではなかったが、青森中学校を4年で修了して高校合格という秀才ぶりを発揮、昭和2年4月、官立弘前高等学校文科甲類に入学し、昭和5年3月の卒業までの3年間を過ごした。

　弘前高等学校時代にさまざまな筆名で発表した、「太宰治」以前の津島修治の習作（初期作品）が分析された。これらの作品は、太宰の代表作

『人間失格』のように一般に広く読まれていないが、太宰文学の原点をなすものできわめて重要である。相馬先生は「人間」太宰治ではなく、「表現」太宰治の視点から彼の作品を読んでいる。「人間」太宰治には変動が見られるが、「表現」には一貫性が読み取れる。太宰は、自殺という衝撃的なことだけが取り上げられ、彼の作品が十分に評価されない時期もあった。

　太宰治の伝記研究において画期的業績をあげた相馬正一氏（弘前大学名誉博士号授与者）は、大著『評伝太宰治』第一巻（筑摩書房版）の中で、「高校在学三年間を通じて、太宰は何を見、何を考え、どんな行動をしてきたかということになれば、それに対する考えは必ずしも単純ではない。大地主の子として生まれた太宰が、幸か不幸か、弘前高校の歴史の中でも思想的に最も尖鋭化していた時期に在学したということ、文学上のライバルとして接近した男が実は校内細胞のリーダーであったということ、時代思潮の影響もあって太宰の作品はかなり尖鋭的傾向的であったが、彼の思想の原点はマルキシズムからは程遠いものであったこと、文

写真5-1

学修行の一環として義太夫通いや芸者遊びに想像以上の熱心を示したこと等々。これらのことを考え合わせると、高校の3年間、太宰はまことにバラエティに富んだプログラムを自作自演したということになる」と記述している。

　後の太宰治という作家にとっての弘前高校での3年間の意味するところをみていくが、それは年譜的事項からの検証確認ではなく、作家の小説表現を軸として分析しているところに独自性がある。太宰文学の表現上の魅力は、二項対立や否定的言辞の駆使、反語的あるいは逆説的表現効果であるとして、「仮装」もしくは「擬装」の表現と捉えている。このことに関連して、大高勝次郎の回想（『太宰治の思い出　弘高・東大時代』）の中から、「津島はまた物事を裏返しにしたり、人の心の矛盾や裏面を意地悪く突いて見たり、反語や皮肉（アイロニー）を弄したりする癖があった」が紹介された。

　これは、後の代表作『人間失格』に繋がる。この作品は「人間」が「失格」していることを表した物語ではなく、失格しているかどうかを問うている。作者の態度は、むしろ一般的世間的意味での「失格」に疑義を呈し、救おうとする領域に近いのではないかと分析している。また、『斜陽』にしても、単に女主人公が没落してく階層を描いた作品とばかりは言い難く、女主人公の「恋と革命」の「戦闘開始」の決意と表裏一体となる象徴であると分析している。太宰には、逆説的な表現が多く見られる。その用例として、「老人ではなかった。二十五歳を越しただけであった。けれども老人であった。（略）老人の永い生涯に於いて、嘘でなかったのは、生まれたことと、死んだことと、二つであった。（『逆行』）」あるいは「死刑囚にして死刑執行人（『虚構の春』）」をあげた。

　断片的な用例の抽出には枚挙に暇がないが、「仮装」という表現上の効果を形成確立したのは、弘前高等学校時代であった。それは、太宰文学の全貌にわたる文学的主題であると同時に、弘前高校時代に津島修治によって著された作品を通して、見え隠れする問題点を次の3点に絞っ

て取り上げた。
1) 生家（津島家）との関わり
2) 自殺未遂、死
3) 非合法（左翼）思想・行動

　この3点は、独立して考察されるべき事項でありながら、互いに入り組んでいる側面も大きい。作家太宰治を成立させたのは、これらの事項の存在が逆説的な作用をもたらしたからである。たとえば、生家は、階級的な面での齟齬を持ち出さなくとも、何らかのマイナス的に取り沙汰される内幕を太宰が表出する事に障害を与え、後に分家除籍（義絶）という太宰には衝撃的な事態で報復している。しかし、経済的には、当時の世間的常識からみて、はるかに多額の援助（当時のサラリーマンの初任給が20円〜25円、課長級でも60円〜70円の時代に120円もの大金であった）を送り、結果的に太宰が作家として自立するまで支えた。生家に皮肉的状況を生んでいる。たとえば、「私の生まれた家には、誇るべき系図も

写真5-2　太宰治：旧制弘前高校時代の修身のノート
　　　　　人物画やサインの練習か（青森県近代文学館提供）

何も無い。私の家系にはひとりの思想家もいない。ひとりの学者もいない。ひとりの芸術家もいない。役人、将軍さえいない。ただの田舎の大地主というだけだ」(『苦悩の年鑑』)あるいは「金木の生家では、気疲れがする。また、私は後で、こうして書くからいけないのだ。肉親を書いて、そうしてその原稿を売らなければ生きて行けないという悪い宿業を背負っている男は、神様から、そのふるさとを取りあげられる」(『津軽』)など、生家が表現されている。

　自殺未遂は、実生活の最期の山崎富枝との入水心中まで5度も繰り返された。このことには、太宰の本性もさることながら、昭和2年、太宰が高校1年時の芥川龍之介の自殺の衝撃が深くかかわったことは否めない。昭和5年11月28日夜半の鎌倉腰越小動崎海岸での田部シメ子とのカルモチン服用心中は、『道化の華』『人間失格』などで、〈入水〉心中として表現される。戦後『斜陽』『人間失格』で時代の寵児の感があった太宰は、この最期が社会世相的センセーションを引き起こし高名にした反面、作品を読まないのに太宰を忌避する架空の〈読者〉というプラスとマイナスの二面性を作った。

　非合法(左翼)思想への傾斜については、相馬正一氏のように、太宰治の本質的なことではないと重要視しない見方もある。弘高在学時には、自主的積極的に関わらなかったため、放校処分を免れた。昭和7年7月に青森警察署に出頭して左翼運動を離脱した。

　太宰の実生活においてのかかわりの実質や離脱時の自身の真偽を問題にするよりも、太宰の小説表現に「裏切り」の心理・観念として仮構されたこと、現在重要な文学的主題を形象化していることを直視しておけば十分である。「表現」は、動かすことができない事実であると位置づけている。

1) 生家(津島家)との関わり

　『無間奈落』が死んだ父源右衛門をモデルとした暴露小説であり、「ある意外な障壁」があったため、中断せざるをえなかった小説である。こ

れは、生家からの圧力と言われた。ただし、二度と生家を題材とする小説表現がなかったわけではない。二年後、今度は〈兄〉を登場人物兼語り手にして『地主一代』が描かれ、生家を題材とした小説は『人間失格』まで次々と発表され、太宰の文学表現を解くキーワードの一つとなった。〈無間奈落〉は、「いつまでも苦しみが続く地獄」の仏教的な思想である。作品も父の血縁に起因する苦しみが、語り手乾治に続くさまが描かれる予定だったのではないかと予想される。太宰の死までの作家活動と作品を展望すると、初の長編が『無間奈落』という題名であることは実に象徴的である。

ひきかえ、『地主一代』は、〈兄〉一代で終結するという寓意が込められている。戦後の改革によって、津島家の没落は現実となったが、この時点では虚構に過ぎなかった。

2）自殺未遂あるいは死

高校時代、自殺や死の場面が直接表現された作品は少ない。『地主一代』に、語り手（主人公）の看護婦の瀬川の死が描かれたくらいである。瀬川の死の要因が自分にはないと力説する語り手の言説は、むしろ自分の非を読者に知らしめる効果すら漂う。昭和2年7月24日未明、芥川龍之介の自殺に衝撃を受け、それまで学業に専念した規則正しい生活が一変した。昭和3年、最初の妻となる小山初枝を知る。年譜では昭和4年11月頃、町の娘とカルモチンによる心中未遂があったというが、現在まで未確認である。確認されている初めての自殺（未遂）は、12月10日深夜のカルモチン服用自殺である。期末試験前夜だったので、偽装自殺とも言われる。

この未遂は、『学生群』の登場人物の青井のエピソードとしても表現された。青井の自殺自体は、死ぬほどの覚悟があるなら、「プロレタリアートへの貢献」「寄附」をしろという友人の激の小道具になっているに過ぎない。しかし、自殺の体験を小説表現したことは、太宰文学においてかなり重要な事であった。太宰自身にも言えることだが、作中の自殺

者も「生命活動の停止」という直接的意味では描かれていない。自殺を図るまでの、あるいは未遂後の生活や心理に、表現の真価が発揮される。

3）非合法（左翼）思想・行動

　昭和3年5月創刊の『細胞文藝』の誌名は、左翼的命名とも単に生物学的な趣向によると言われる。結果として、プロレタリア傾向にあるのは否定できない。12月、弘前高校新聞雑誌部委員となった。昭和4年2月、弘前高校校長鈴木信太郎の公金無断費消の事件では、新聞雑誌部が追求の先鋒となった。太宰も何らかの行動を取ったと推定される。

　左翼的な表現が見えるのは、『虎徹宵話（改稿）』『花火』『地主一代』と『学生群』である。『学生群』は、公金費消事件を題材としており、経験に基づくことと東京帝国大学への進学後、思想について学習したことが、左翼的文芸としての質を高めた。

　以上、仮装の表現──二項対立・否定・反語・逆説の表現効果という観点から、高校時代の作品と太宰文学の全貌との接点が考察された。

　講義に関連して、弘前市教育委員会編『津軽が生んだ国際的な小説家太宰治』（相馬明文）という冊子がある。

学生からのフィードバック

○家との対立、左翼傾倒的、芥川の死、自殺未遂──これらの要因が太宰の作品に深く影響している。しかし、本来の太宰治は一体どんな人物だったのだろうか。本来の太宰治の作品は、これらの問題要因を経てきた作品とどう違うのか。旧制弘前高校在学中に、これらの要因が絡んできて、今後の作家人生に強く影響していたとはいえ、「津島修治」本来の姿があまりみえてこなかったのは少し残念な気もする。（人文学部　女子学生）

○太宰の作品を読んだことがなかったので、今『津軽』を読んでいる。今回の講義では太宰の表現は初期作品から確立していたと話されていた。自分の家庭内のことや、幾度も繰り返した自殺を作品に反映

させているそうだ。太宰の作品のイメージとして浮かんでくるのはやはり、苦悩だとか自殺だとかどんよりしたものである。しかし太宰はその自分の家庭環境や体験を通して理解できたことを最も作品に書きたかったのではないか。(人文学部 女子学生)

○作家井上靖が文章オリンピックが仮に存在したならば、日本代表は太宰治であると言ったという。そんな彼の表現上の魅力は二項対立、否定・反語・逆説いわゆる「仮装の表現」である。この仮装の表現を形成確立し、偉大な作家「太宰治」の基礎を築いたのが、旧制弘前高校時代の津島修治であった。当時の代表作は『無間奈落』『地主一代』。(人文学部 女子学生)

○高校時代の太宰の作品は『無間奈落』から『地主一代』までである。太宰の作品に目を通すと、その一文一文の表現にずっしりとした重みがある感じがする。それは太宰の生き方が影響しているのだと思う。家族との関わり、何度も繰り返した自殺未遂、芥川龍之介の死……。こういう出来事が作品に重みを与え、現在にも名を残す要因となっているのだと感じた。(農学生命科学部 女子学生)

○旧制弘前高校に入学する前の太宰治の文章は作文に毛が生えたようなものであったが、入学してからはそれまでと全然異なる文章を書くようになった。太宰文学の魅力は、二項対立や否定的言辞の駆使、反語的あるいは逆説的表現効果などで、仮装や擬装の表現である。太宰は自立するまで生活に困らない援助を生家から受け続けるが、自殺未遂を繰り返す。また太宰は芥川を尊敬していて、芥川の自殺に衝撃を受けた。芥川を超えるのが目標だったらしい。(教育学部 女子学生)

備考

相馬先生は、前年度の授業を踏まえて、「太宰治 旧制高等学校時代の初期作品群の表現——『無間奈落』『地主一代』を中心に」と題して『解釋學』(第48輯、2006

年11月30日）に寄稿され、「津軽学——歴史と文化」の授業の一端を紹介した。
　授業の中で、太宰治「男女同権」の小説を紹介した。早速、ネット上で作品に目を通したが、民主主義による当時の男女同権を滑稽に描いたもので時代背景を知るうえで楽しい小説である。石坂洋次郎の『青い山脈』と合わせてみることで当時の社会変化を垣間見ることができる。

詩誌「亜土」主宰　山田　尚
VI　津軽方言詩

講義概要

　津軽に方言詩が誕生した背景から、福士幸次郎が提唱した地方主義の系譜が、文学にどのように伝えられたか。郷土の先人による「津軽の詩（うた）」を通して、方言独得のニュアンスをもった言葉の響きと「エスプリ」を味わい、その課題と津軽の風土が生んだ文学について考える。

授業から学んだこと

　山田氏が津軽方言詩に出会ったのは高校生の頃、ラジオ放送で聞いたときであった。耳を通して津軽方言詩を聞いたとき感動的であった。それまで津軽弁が美しい響きをもっているとは知らなかった。

　この授業の機会に学生にも津軽方言詩を耳から聞いて味わってもらいたい。講義の合間に津軽方言詩の朗読を入れる。津軽方言詩の中に一戸謙三という詩人がいる。代表作の一つに「弘前」がある。これを津軽弁で「シロサギ」と発音する。その「弘前」が朗読された。実に、感動的な美しい響きであった。以前、弘前市立郷土文学館の津軽方言詩コーナーでテープを聞いたことがあるが、目前で生の朗読が聞けた。津軽弁はわからないが、時折、「岩木山」「蓬莱橋」「富田」「和徳」の地名が聞こえ、「弘前」のことだなと漠然としながらもイメージすることができた。心地よい「響き」であった。

読み終えた後、外国語よりも難しいでしょうと学生を笑わせた。そもそも、津軽方言詩はどのようにして生まれたのか。同じ弘前市出身の詩人で、福士幸次郎という人がいる。彼が『太陽の子』という詩集を出し、地方主義の行動宣言の考えを出した。文化であれ、芸術・経済であれ、地方からの発信が大事である。そこでは、日常話している言葉が重要になる。そのような視点から語られたのが方言詩ということになる。言葉で詩を書くことから、日常使っている言葉で詩を書くことに繋がった。詩の歴史は、明治以降と浅く、それ以前は、短歌とか俳句があった。
　福士幸次郎の津軽方言詩の考えを受け継いだのが高木恭造であった。恭造の詩が方言詩集『まるめろ』として刊行されるが、その復刻版の装丁をしたのが棟方志功であった。高木は、『東奥日報』に入社するために履歴書を書くが、途中で『青森日報』の社員募集が目に止まり、そこに飛び込み入社し、そこで福士幸次郎と出会った。高木の「ハイカラ(普通の言葉)」で書かれた詩に対して、福士は日常に使っている言葉で詩を書くことを勧めた。それが「生活(クラシ)」という詩となった。「生活(クラシ)――結婚の晩(シュウゲンのバゲ)」が朗読された。「泣グな」「泣グな」の響きが郷愁を駆り立てた。生活を「暮らし」と読ませ、結婚を「祝言」と読ませるところに方言詩の素朴さを感じた。高木は、この方言詩を福士に見せた。これが津軽方言詩の「誕生」であった。このようにして誕生した高木恭造の方言詩集『まるめろ』は、当初は「価値のないもの」としてあまり高く評価されなかった。津軽方言詩に対する否定の論調が、とくに、左翼系統(プロレタリア)側から強かった。高木は、昭和3年11月に満州に渡った。高木の方言詩を擁護する論評を展開したのが一戸謙三であった。
　高木の『まるめろ』は、昭和6年に刊行されたが、その後、戦争の影響を受けて広く普及することなく、戦後になって復刻して日の目を見た。津軽方言詩を「朗読」することで新たな展開があった。意味はわからなくても、津軽という「響き」が感じられる。『まるめろ』は、ユネスコで

写真6-1

英語に翻訳され出版された。高木の津軽方言詩で、最初に英訳されたのが「冬の月」であった。この詩も朗読された。独特の津軽の郷土の風景をどのように英訳したのか興味があった。この詩についての解釈があった。「嬶（カガ）ごと殴（ブタラ）いで戸外（オモデ）サ出ハれば」は妻を殴ってしまって、家の外に出れば、それまでの吹雪とは裏腹であった。「まんどろだお月様だ」とは灯籠をいくつも集めた萬灯籠のような明るさの月だったとの詩のはじまりである。この詩をきっかけに『まるめろ』が全訳された。感激したアメリカ人女性から手紙が来た。肌の色、言葉は違うが、詩のなかで悩んだり、苦しんだりしているのはみな同じだというようなことが書かれていた。

　『まるめろ』は、津軽方言詩の「金字塔」である。人間の感情を極限の世界まで踏み込んで表現したものである。津軽方言詩は、いわば「古典」となったということができる。故に、後世に伝えていく必要がある。

　最後に、『まるめろ』の代表作の中の一つから「陽（シ）コあだネ村

写真6-2

——津軽半島袰月村で——」が朗読された。1988（昭和63）年教え子たちの努力で袰月の部落が一望できる高野崎に、詩の全文を刻んだ文学碑が建立された（**写真6-2**）。

　学生から詩の最後の部分がわからないとの質問に応えて、袰月村は今別町というところで、青森中学校を卒業した高木恭造は、津軽半島袰月村に代用教員として赴任したとの補足説明があった。そして、この村での4か月の体験が、方言詩集『まるめろ』の「陽（シ）コあだネ村」の作品となった。

　漁村で一日中濃霧がかかってどんよりとしていて、夜になれば海の事故で亡くなり、沖で成仏しきれない魂たちがすすり泣く「亡者」を詠んだものである。「陽コあだネ村」とは、陽の当たらない村という意味で、「貧しい」「暗い」というイメージが先行しているが60年前の現実を詠ったものである。

以上、津軽方言詩は何か、私たちに新しいことをメッセージとして伝えている。福士幸次郎の「地方主義の行動宣言」も、今日流に言えば、地方からの「発信」である。中央の画一的なものでなく、文化や人間の活動というものは、福士に言わせれば津軽の「エスプリ」という言葉を使うが、地方から発信していかなければ、本当の文化や芸術は育っていかないということを言いたかったものと思われる。

 「津軽学」では、このようなことを掘り起こしていくところに意義があると講義を結んでもらった。

 弘前市立郷土文学館の「津軽方言詩」を以下に紹介する(**写真6-3**)。

写真6-3

学生からのフィードバック

○高木恭造は福士幸次郎に「共通語も良いけれど、自分が普段使っている言葉で書け」と言われて方言詩を書き始める。『まるめろ』が英訳されて出版される。その後読者から「感動しました！」という手紙が届く。『まるめろ』には暗い現実でも、目の色、肌の色は関係ないのだというイメージが込められており、人は皆悩んでいるということが伝わってくる。方言詩を書く人は少なく、これから先、消えていくかもしれない。そのため我々は語りついでいかなければならない。津軽弁は美しい！（教育学部 女子学生）

○津軽弁は非常に独特なリズムで味わいが深い。福士幸次郎は、そんな津軽弁に目をつけ、明治以降西洋の訳詞が広まっていた詩の世界に津軽方言詩を発表する。日常つかっている言葉で出す味わいがあった。それは、しかし周囲には受容されなかった。地方における偏見と差別が垣間見られる歴史の一端として、津軽方言詩は闇に埋もれるかと思った。その時、福士の意志を継ぐように高木恭造が登場する。彼の活躍により津軽方言詩は徐々に注目を浴びはじめる。彼の作品の中で「冬の月」という詩がある。標準語ではスラリと読んでしまいがちなその詩は、山田尚氏の朗読によって、情景が思い浮かび、今まで味わった事のないような言葉の雰囲気に感動できてしまう。地方性が注目されるには、まず文化を育てる事。津軽弁は、地方の文化をふまえた味わいのあるもので、後世へと育てる価値のあるものである。（人文学部 女子学生）

○中学時代（高校だったかも知れない）、高木恭造の詩を国語で習い、標準語では言い表すことのできない微妙なニュアンスを伝えてくれるような気がした。津軽方言詩は朗読されることを意識されていたそうだ。確かに、津軽弁は文字に表されるよりも、話されたほうが命が宿っている気がする。当時、強い批判も受けていたようだが、津軽人の日常＝津軽弁と言っても過言ではないので、ずっと語り継が

れていって欲しい。「つがる弁の日」はこの継承の良い例ではないか。（人文学部　女子学生）
○津軽弁は汚い言葉であると思われていた時代、福士幸次郎はそれに対して地方からの発信が大切であるとして、地方主義の立場で津軽弁による詩を発表した。それ以降、一戸謙三による弘前の美しさ素晴らしさを表現した「弘前（シロサギ）」や高木恭造による津軽での生活の厳しさをリアルに描いた「陽コあだネ村」などの多くの津軽方言詩が生まれた。これらの美しい津軽弁の詩をこれからも語り継いでいってほしい。（人文学部　女子学生）
○福士幸次郎の地方主義の系譜から津軽弁で詩を書く動きが始まった。例えば「お飯事（おふるめこ）」のように、音に対して漢字をあてはめるという津軽独特の表現方法がおもしろい。私は県外出身だから理解できない表現もあったが、それでも味わいのある津軽方言詩に魅力を感じた。しかし、現在書き続けている人がいないと聞いて寂しくなった。ぜひ語り伝えていってほしい。（農学生命科学部　女子学生）

備考
　山田氏は、講義のなかで「『まるめろ』は、津軽方言詩の「金字塔」である。人間の感情を極限の世界まで踏み込んで表現したものである。津軽方言詩は、いわば「古典」となったということができる。故に、後世に伝えていく必要がある」と話された。その山田尚氏が、「高木恭造没後20年記念　全34編朗読『まるめろ』in津軽」の朗読（巻末169頁に掲載）をCDに収録したライブ録音を提供されたので、本書に収録することにした。まさしく、後世に継承したい津軽の歴史と文化である。

青森北高等学校教諭　櫻庭和浩
Ⅶ　寺山修司の世界──寺山修司と青森──

講義概要

　昭和30年代から50年代にかけて俳句、短歌、詩、小説、評論、作詞、映画、演劇、写真など、多彩なジャンルで活躍し、自ら「職業は寺山修司」と宣言した寺山修司の原点は故郷青森県にあった。出生から青森高校を卒業するまでの18年間の軌跡をあらためて検証し、合わせて上京後の活躍を追いながら、時代の寵児と謳われ、今なお多くの支持者を持ち続ける寺山修司の世界についての魅力を探る。

授業から学んだこと

　寺山修司が生きていると生誕70年となる。櫻庭氏は、3年前、青森県近代文学館に勤めていたとき、寺山修司「没後20周年」の特別展を担当した。寺山の活躍ぶりは多くの文献が出されている。そのときに展示したのは寺山修司と青森との関わりであった。展示資料の多くは、三沢の寺山修司記念館に残っている。

　寺山の原点は青森である。「津軽」か「南部」かといえば、父は「三沢」の人で、母が「青森」の人である。生まれが弘前で、青森、三沢、そして青森で暮らした。その意味で、寺山は「津軽学」に限定されることなく、青森全体ということができる。

　「寺山修司紹介（職業は寺山修司）」という資料が配られた。寺山は「何ものか」と一言で言えないほど多才で、「マルティ人間」で色々な方面で

活躍した。たとえば、「主な著書」として、俳句、短歌、詩、小説、評論、エッセイ、シナリオ、戯曲、写真、そして競馬のカテゴリーに分類されているが、これだけでは十分とは言えず、多くのことに果敢に挑戦した。まず、俳句であるが、主に高校時代を中心に作った。早稲田大学に入ったころで終わっている。すなわち、20代前で終わったことになる。短歌を本格的にはじめたのは、俳句が終わったころからである。病気で短歌も止めることになった。詩については、さまざまなジャンルのものを書いている。寺山は、後年、有名な言葉、「職業は寺山修司」と自ら述べているが、寺山自身がこだわったのは「詩」で、その意味で詩人と言っても良い。基本的には、「散文」よりも「韻文」の人であったと櫻庭氏は位置づけるが、最終的な判断は学生が自ら読んで確かめることであると述べた。小説であるが、著作物は『あゝ、荒野』だけである。小説は、同期に石原慎太郎、大江健三郎などがいたが、本格的には取り組まなかった。評論については配布資料にリストされたが、とくに『現代の青春論（家出のすすめ）』や『書を捨てよ町へ出よう』が有名である。シナリオでは、映画のシナリオの作品として『十九歳のブルース』、『田園に死す』、『チャイナドール』などがある。戯曲については、有名な天井桟敷という演劇集団を結成した。意外であるが、写真集『犬神家の人々』も出している。写真については、日本のみならず、世界的評価の高い「写狂　アラーキー」こと、写真家・荒木経惟に学んだ。篠山紀信かアラーキーか迷ったようである。寺山は競馬が大好きで競馬についての著書も多数ある。競馬が好きというよりも馬が好きであった。馬の切手を収集し、エッセイなども書いている。スポーツ好きで、とくにボクシングや野球が好きで世界チャンピオンのファイティング原田とも交流があった。

　映画、映画シナリオ、ラジオ、テレビ脚本、演劇、作詞、校歌作詞などに分類して彼の生涯の作品の一部分が紹介された。寺山に関しては、配布資料の「寺山修司周辺の人々」でまとめられているが、その冒頭が九條今日子（映子）である。彼女は、映画監督篠田正浩の紹介で寺山修

司と知り合い、昭和37年に結婚した。昭和42年、寺山修司、横尾忠則、東由多加らと演劇実験室「天井桟敷」を設立した。昭和45年に寺山と離婚したが、その後も寺山が亡くなるまで仕事上の良きパートナーであった。「天井桟敷」解散後、名前を映子から今日子に改名した。昭和60年『不思議な国のムッシュウ』を主婦と生活社より刊行。近著『回想・寺山修司』（デーリー東北新聞社刊）がある。

　寺山修司の生い立ちである。昭和10年12月10日生まれである。ところが、戸籍上は昭和11年1月10日となっている。父親が寺山八郎、母親が寺山はつである。警察官の父親が弘前で勤務した時、官舎で寺山修司が生まれた。寺山には「虚構」が多く、謎も多い。自伝では生まれがいくつも存在する。彼のエッセイ『自叙伝らしくなく――誰か故郷を想はざる』のなかには、「私は1935年12月10日に青森県の北海岸の小駅で生まれた。しかし、戸籍上では翌36年の1月10日に生まれたことになっている。この20（ママ）日間の曖昧について聞きただすと、私の母は、お前は走っている汽車の中で生まれたから出生地が曖昧なのだと、冗談めかして言うのだった」とある。そのような事実はなかった。寺山の「供述」は虚構が多いので、作品を一つ読んだだけで決めつけられない。同エッセイでは、父親のことを「アルコール中毒」とか「自殺した」とか描写しているが、そのような事実もない。寺山は話を面白くするためには手段を選ばず、母親でさえも殺してしまうほどであった。寺山は、自叙伝など都合のいいように何度も書き直せるものだと自ら述べている。これが彼のスタンスであった。彼の有名な言葉に、「人間は中途半端な死体として生まれてきた。一生かかって完全な死体になるのだ」とあるように、彼は詩人であった。

　寺山は、同じ津軽出身の太宰治に似たところもあった。「もしかしたら、私は故郷を憎むほど愛していたのかもしれない」は、太宰の小説『津軽』の「汝を愛して、汝を憎む」と同じような表現である。青森県の文学者に二人の偉大な「シュウジ」が存在した、すなわち、津島修治（太宰治）

VII 寺山修司の世界

写真7-1

と寺山修司であったと言える。

　寺山はつは、青森人であった。寺山が6歳で八戸に在住のときに、父親が兵隊に召集された。それ以降、寺山は二度と父親を見ることはなかった。父親は、戦病死した。もし、父親が生きていれば、後の「寺山修司」が存在したかどうか疑わしい。すなわち、母親はつと修司の親子がどのような運命を辿ったかが、その後の作品を形成したと言っても過言ではない。父の死はそれほど大きな影響を与えた。

　昭和20年7月28日、青森大空襲で焼け出され、父親八郎の弟に助けられ、三沢の「寺山食堂」二階に母親と暮らした。母親は、三沢のアメリカ進駐軍キャンプで働いたが、義弟との折り合いが悪くなり、「寺山食堂」を出た。母子で生活するために進駐軍キャンプで働く姿が、寺山に暗い影を残した。

　昭和23年、三沢の中学校に入学した。中学2年のときに転機がきた。母親は付き合っていた将校の転勤で福岡に行った。寺山は青森で歌舞伎座という映画館を経営した母方の大叔父夫婦の坂本宅に引き取られ、「養

子」のように育てられた。すなわち、寺山は形の上では、母親から捨てられたことになる。その結果、青森の野脇中学校に転校した。ここで、寺山は京武久美という文学少年の同級生と出会い、俄然、文学に目覚めた。寺山は中学校のときに詩を書いているが、そのなかに兄や弟が出てくる。しかし、寺山には兄も弟もいない。

　寺山が転校した後、三沢の中学校の教師として中野トクが赴任した。友人から中野トクを紹介された寺山は、中野トクに手紙を書いている。中野は、寺山の手紙の文面をみて、彼の才能を認めた。その後、長く寺山との文通が続いた。寺山修司記念館に、寺山から中野トク宛てた72通の手紙が寄贈され、一部が展示されている。中野トクの外見や雰囲気が母親に似ていて、母親代わりでもあった。寺山は、中野トクのことを最高の恩師だと述べている。寺山修司に生涯に大きな影響を与えた女性が三人いた。母親、中野トク、そして妻の九條今日子であった。

　野脇中学校から青森高校に入学した。新聞部と文芸部に入って、京武と一緒に活躍し、多くの作品を手がけた。同志社大学、青山学院大学に不合格になった後、早稲田大学教育学部国語国文学科に合格した。寺山は、同じ作品を別のところで発表したり、内容を変えたりして出した。外国作品にヒントを得たものも確認されているが、オリジナルよりも優れているとの評価を維持している。寺山の文学が、初めて全国的に認められたのが短歌である。寺山は、『短歌研究』に発表された中城ふみ子の短歌に触れて感動した。彼女は、帯広市生まれで本名は野江富美子である。1954年に札幌医大付属病院に入院。病床から応募した『短歌研究』第1回五十首詠で特選となり、大胆な表現と数奇な運命で一躍有名になった。同年8月3日逝去した。生前に歌集『乳房喪失』、死後に『花の原型』が出版された。寺山は早速、第2回『短歌研究』新人賞に応募し、作品「チエホフ祭」で新人賞を受賞した。

　俳句については、早稲田大学の新入生歓迎俳句会で2年先輩の大橋巨泉と出会った。巨泉とは俳句の名前である。当時、大橋は学生俳人とし

て有名であった。その日の句会に出された寺山の俳句は、大橋が選んだ5点の中に4句も入るほど優れたものであった。その後、大橋は俳句を止めジャズなどの世界に入った。寺山も俳句はその会くらいで終わった。その後、ネフローゼで入院し、そこでシナリオや詩の執筆をはじめた。

「寺山修司周辺の人々」の配布資料をもとに、寺山が接した人々についての説明があった。たとえば、文芸評論家の三浦雅士、詩人の谷川俊太郎、映画監督の篠田正浩、脚本家、小説家の山田太一、シンガーソングライターの小椋佳、シンガーソングライター、俳優の三上寛、そして歌手、俳優、演出家の美輪明宏がリストされているが、他にも多くの人々がいた。このことからも、多くの「周辺の人々」が寺山をサポートしたことがわかる。なかでも、美輪明宏は、昭和42年、寺山に乞われ周囲の反対をよそに、「天井桟敷」の旗揚げ公演「青森県のせむし男」で主人公「大正マツ」を演じた。その後、寺山が美輪に書いた第三作目「毛皮のマリー」にも出演した。美輪は後年、「『毛皮のマリー』がわたしを女優にした」と言っている。

また、寺山修司の受賞作品が多いことにも驚かされる。寺山修司の文学碑も5カ所に建立され、幅広い人気を知ることができる。

最後に、副題の「寺山修司と青森」であるが、寺山作品を見れば、墓場があったり、柱時計があったりするが、それらは子ども時代の青森の思い出である。柱時計は寺山食堂にあったもので、墓場も寺山食堂の裏にあって、よく隠れんぼをして遊んだ。それらのすべてがモチーフとなって映画や演劇になっている。

子ども時代の母親との関係など、幼少時代の人間形成が大きく影響していることを講義で学ぶことができた。

学生からのフィードバック

　〇寺山は虚構好きな人物である。自分の生まれを作品の中で偽り、母をも作品の中で殺してしまう。しかも自身の作品はおろか他人のも

のまで盗作し、自分なりにアレンジしてしまう。だが、彼には才能というものがあった。たとえそれが虚構であり盗作であっても彼がはなつ独特の詩的さがそれにはあった。子供の頃体験した母やそとからの疎外が影響したのかさだかではないが、作品の受賞への執着、更に寺山自身が言った「利用できるものは利用しろ」という言葉から察するに、虚構をつくりあげる事にこだわった彼にとって、唯一自分自身が真実であると主張・証明出来るのが、彼自身の才能であり作品だったという事だ。だから才能（寺山のなかで唯一真実）を認めてもらう為には利用できるものはすべて利用し、他人に認めさせる（賞をもらうこと、これに値する）のだ。すべての作品が虚構だとしても、作品をつくりあげたのは真実という名の寺山修司である。今回の櫻庭氏の講義でこの事に気付く事ができ、ますます寺山修司が好きになった。（人文学部 女子学生）

○寺山も太宰も、故郷を憎み、そして愛していた。この２人の共通点として、幼少期の体験から、人とは少し違った感性を持つようなったことが言える。寺山は虚構の癖があったようだが、逆に捉えると想像力豊かであると言える。それが俳句や戯曲など広範囲にわたって活躍した寺山のベースとなっていると感じた。「職業は寺山修司」という言葉からは、自分は他の何者でもないという、揺るぎない自信が感じとれた。（人文学部 女子学生）

○「職業は寺山修司」というあまりにも斬新奇抜な発言をした寺山修司はその他にも様々な名言、名作を残している。短歌、詩、小説、戯曲、映画に作詞まで手がけている。そんな寺山修司の一生は虚構にまみれていた。父親の戦死により母親と青森各地を転々として、最後には母親にも捨てられたも同然の扱いを受けた。しかし、この子供時代の青森での生活がその後の彼の作品に大きな影響を与えたことは間違いない。（人文学部 女子学生）

○私は今までに何度か「寺山修司」という名前を耳にしたことがあっ

たが、様々な分野で作品を残しているとは知らなかった。寺山修司はまるでマルチ人間だ。このような人の原点が青森県にあったとは驚きだ。彼の「人間は中途半端な死体として生まれ、完全な死体となっていくのだ」という言葉が非常に心に残った。(農業生命科学部 女子学生)

○生まれからして虚構。寺山は話を面白くするためにはなんでもするため、一冊読んだだけでは本当の彼を知ることはできない。その点で彼は天才といえよう。「もしかしたら私は憎むほど故郷を愛しているのかもしれない」という言葉が残されているように青森が寺山を作った。母、中野トク、九條今日子らは寺山の生涯に大きな影響を与え、それは作品からも確認できる。革命児のようにふるまう寺山だが、冷めた目で現実を見つめていた。何かを利用してのし上がるという生きるための知恵ゆえか。(教育学部 女子学生)

元黒石高等学校校長　齋藤三千政

Ⅷ　現在活躍中の文学者
―― 長部日出雄、鎌田慧、三浦雅士を中心として

> **講義概要**
>
> 　日本の文学史に燦然と輝く、津軽出身の文学者。明治の言論界の巨星、陸羯南をはじめ、佐藤紅緑、石坂洋次郎、太宰治、寺山修司など、その数は枚挙に暇がない。また、どの文学者も津軽の風土から強い影響を受けている。しかも文学者同士の関係性も濃厚である。さらに現在活躍中の長部日出雄、鎌田慧、三浦雅士は先達を高く評価している。ここに、津軽の文学の際立った特徴を読み取ることができる。

授業から学んだこと

　齋藤氏の高校現場での国語教員として35年におよぶ豊富な経験から、津軽「なまり」のユーモラスなエピソードからはじまった。札幌の北海道文学館で行われた「函館―青森　海峡浪漫」と題した講演の後、聴衆の一人の女性が壇上に駆け寄って、「すごく感動しました！」と話したので、講演内容かと思ったら、「津軽弁」が懐かしかったということで、「複雑な心境」であったと話すと教室から笑い声が聞こえ、教室の雰囲気を和らげた。さすがベテラン教員だけに、優れた「アイスブレーキング」だと感じた。

　齋藤氏には、「津軽学――歴史と文化」が誕生するカリキュラムの構想段階から多くの指導・助言をもらった。「津軽の文学は、日本文学史

のなかに独立した章が立てられるほど知名度が高いものである」とも教わった。齋藤氏の尽力もあって、青森県の高等学校に在職する文学関係者を講師に加えることができた。最近、「高大連携」という言葉を耳にするが、表面的な美辞麗句に過ぎず、実質的な高大連携になっていないことも多い。「津軽学──歴史と文化」では、地域連携、高大連携という視点から、津軽地方に埋もれた歴史と文化の叡智を広く学生に還元することを目指していることを説明して支援をお願いした。

　なぜ、「青森の文学」ではなく、「津軽の文学」かという問題提起からはじまった。明治のジャーナリスト巨匠「陸羯南」の与えた影響の偉大さ、100万人作家と称された石坂洋次郎、そして太宰治である。「津軽の文学」は、青森だけでなく、日本だけでなく、なぜ、世界に訴えるかを熱く話した。

　講義のテーマ「現在活躍中の文学者──長部日出雄、鎌田慧、三浦雅士を中心として──」の3名はすべて弘前高校の卒業生である。齋藤氏も同校の卒業生で、津軽の作家の系譜を「北の文学連峰」と独自の位置づけをしている。配布資料からも、陸羯南→佐藤紅緑→秋田雨雀→福士幸次郎→高木恭造→一戸謙三→今官一→葛西善蔵→石坂洋次郎→太宰治→長部日出雄→寺山修司→赤羽堯→鎌田慧→立石勝規→三浦雅士の文学者の「流れ」「繋がり」に注目する必要性を強調された。それぞれが独立峰で巨大な存在であるにもかかわらず、どこかで繋がっている。それ故に「北の文学連峰」と命名した。この巨大な文学の山にどのように「登山」するか、そこには限りない「切り口」が可能であり、いろんな「登山口」がある。これが「津軽文学」の魅力であるが、なかなか容易に登れる山ではない。

　郷土の偉大な作家・太宰治に言及された。作家の井上靖が、もし文学にオリンピックがあり、代表者を一人選ぶとすれば、それは夏目漱石でも、森鷗外でも、谷崎潤一郎でも、川端康成でもない。太宰治であると高く評価されたことが紹介され、まさしく、「国際級」である賞讃された。

写真8-1　『陸奥新報』(2006年6月29日)

　アメリカのドナルド・キーン日本文学研究者が太宰文学の翻訳のときだけは、全然苦労しないで翻訳でき、英語に訳すときに何の抵抗もなく「スパッ」と翻訳できるとの話が紹介された。それは太宰の「語り口のうまさ」にある。

　興味深い話である。編者もドナルド・キーン氏を良く知っている。コロンビア大学では専門分野が違ったので、直接に彼に指導を受けたことがなかったが、国会図書館の明治期蔵書マイクロフィルム化事業で、アメリカの大学に寄贈するプロジェクトを通して関わりをもった。キーン氏は太宰治のほか、三島由紀夫など多くの日本文学を翻訳しているが、翻訳原稿を必ず音読して、その「語り口」を確かめると聞いたことがある。多分、太宰の「語り口のうまさ」は、キーン氏を虜にしたに違いない。本学の附属図書館主催の学術講演会でドナルド・キーン氏に太宰治につ

いて講演を要請したが超多忙のために実現しなかったが、返信の書状のなかで太宰治にとても興味をもっていると書かれていた。

　齋藤氏は、青森県近代文学館に4年間在職した。この文学館には青森県を代表する作家13人が常設展示され、全国的にも珍しいそうである。すなわち、佐藤紅緑、秋田雨雀、葛西善蔵、福士幸次郎、石坂洋次郎、北村小松、北畠八穂、高木恭造、太宰治、今官一、寺山修司、三浦哲郎、長部日出雄である。今、再び「津軽の文学」が脚光を浴びる。昨年（2005年）刊行された鈴木隆祐『名門高校人脈』（光文社新書、2005年）には、青森県では青森高校、弘前高校、八戸高校の3校だけが紹介された。県立弘前高等学校体育館に、「誰人天下賢」という扁額が掲げられていることが紹介されている。津軽出身で、ナショナリズムとデモクラシーの統合を説いた明治中期のジャーナリスト陸羯南の詩、「名山名士を出す　この語久しく相伝う　試みに問う厳城の下　誰人か天下の賢なるぞ」の一節である。「天下の賢」とは、天下に覇を唱えるのではなく、羯南その人のように「いなければ物事が停滞して困るような人、一隅を照らすような人」と同校では教える。顔ぶれをみれば、青春小説の大家石坂洋次郎、直木賞作家の長部日出雄、反骨のルポライター鎌田慧、雑誌『大航海』『ダンスマガジン』編集長で評論家の三浦雅士など、いずれも余人をもって替えがたい仕事で知られる。授業の「現在活躍中の文学者」の3名の名前も列挙されている。

　世界からも注目されている。たとえば、2004年に刊行された北原かな子・郭南燕編著『津軽の歴史と文化を知る（The Formation of Tsugaru Identity）』（岩田書院、2004年）は、ニュージーランド・オタゴ大学と津軽地方の研究者を中心とした日中米英4カ国6人による共同研究の日本語版である。これは英文のタイトルからも明らかなように、津軽の独自性がどのように形成されたかを歴史、文学、思想、芸術の幅広い分野から繙いたもので、まさしく、津軽の文化を「世界に発信」したものである。編著者の一人である郭南燕女史の論文「長部日出雄の文学——津軽

の独自性と普遍性との間——」の冒頭が紹介された。すなわち、「津軽は、日本近代文学史の中に名を成す文人を多く生み出してきた。明治期に国民主義を鼓吹した陸羯南から始まり、佐藤紅緑、福士幸次郎、秋田雨雀、葛西善蔵、一戸謙三、石坂洋次郎、平田小六、髙木恭造、太宰治、菊岡久利、今官一、北畠八穂、髙木彬光、津川武一、長部日出雄、寺山修司、鎌田慧など、その数は枚挙にいとまがない。中でも、長部日出雄は津軽の歴史、芸能、文学、美術、社会など広範な関心の元に優れた作品を生み出してきた作家である。彼は相対化の視点を持って〈津軽〉を内側と外側の双方から描き、地方主義とナショナリズムを超克する場として設定している。(後略)」と高く評価している。他にも多くのところで、津軽文学は高く評価されている。齋藤氏は、副題の長部日出雄、鎌田慧、三浦雅士の3人が、これから津軽文学をリードしていくであろうと述べている。

　長部日出雄の超大作『鬼が来た 棟方志功伝』が紹介された。これは『陸奥新報』(平成11年12月29日付)「文芸時評」で「志功称揚の大交響楽 長部日出雄著『鬼が来た 棟方志功伝』」に詳しく書かれている。棟方志功は、文学者ではないが、青森を代表する芸術家である。棟方は、青森の極貧の鍛冶屋の子に生まれ、「わだばゴッホになる」と決意したという。独学の棟方が、どうして「世界のムナカタ」になり得たのか、その秘密はどこにあったのか、誰もが知りたいところである。この言葉を聞いたときに、弘前大学の「世界に発信し、地域と共に創造する」のスローガンが脳裏をかすめた。「わだばゴッホになる」の表現には、「わだば」という地方性から、「ゴッホになる」という国際性にアンビヴァレンスも感じられるが、これが彼の価値観を生み出す原点になったと考えている。齋藤氏は、棟方志功は津軽に固執した芸術家で極めて純度の高い津軽人の気質をもっていたと評している。棟方は、他の日本の芸術家が成し得なかった国際美術展で二度のグランプリーに輝いた。なぜ、彼の芸術が世界で評価されたのか、それは棟方の絵にはオリジナリティがあったか

らである。そのオリジナリティの神髄が、「わだばゴッホになる」の表現に凝縮されているように感じた。棟方の生涯を描いたのが長部日出雄の『鬼が来た　棟方志功伝』である。

長部日出雄、鎌田慧、三浦雅士が、弘前高等学校の卒業生であることが『名門高校人脈』(2005年)のなかでも紹介されているが、この3人は1972年に評価されていた。たとえば、長部日出雄『鬼が来た　棟方志功伝』の解説には弘前高等学校の校風が分析された。授業が自由で授業を受けた時間よりも、図書館で費やした時間が多かったことが、偉大の作家を輩出した要因であったと述べている。旧制高等学校での教養教育の授業を連想させた。

文芸評論家・三浦雅士の評論『青春の終焉』が紹介された。これは『陸奥新報』(平成13年11月2日付)「文芸時評」で「近代文学根幹に迫る　三浦

写真8-2　『陸奥新報』(2006年7月8日)

雅士著『青春の終焉』に詳しく書かれている。これは、2001年に刊行された。文学はもちろん、精神分析学、動物行動学、哲学、美術のすべてが凝縮されている。上野千鶴子は、「この本の中には三浦さんの読書歴がほとんどぶっ込まれています。きらきらしたアイディアが散乱していて万華鏡のようです」と述べている。

　この3人の卓越した文学者は、陸羯南から脈々と流れる「北の文学連峰」の流れをくむものであることを理解することが重要であり、それぞれの「切り口」から文学を読み解くことも可能である。たとえば、太宰治の「ユーモア文学」という視点から見てみると、太宰の『鉄面皮』という作品がある。標題も凄いが冒頭の切り口はさらに凄い、これは太宰でなければ描けないと齋藤氏は説明する。「安心し給え、君の事を書くのではない」の一行だけが突出している。これを太宰のユーモアだと捉えることができる。

　太宰の文学の友に今官一がいる。『東奥日報』(2006年6月2日付)は、「県内初の直木賞作家で、詩的で簡潔な純文学を追求した弘前市出身の今官一(1909－83)の業績を後世に残そうと、同市内の作家を中心に『今官一文学碑を建てる会』が発足した。発起人に16人が名を連ね、5月から募金活動を本格化させた。建立、除幕式は、官一が生まれた12月を予定している。今官一は透徹した文体に定評があり、1956（昭和31）年に『壁の花』で直木賞を受賞した。また、早稲田大露文科に進学後は、同年代の太宰治を同人仲間に推挙するなど、太宰が文壇に認められるきっかけをつくり、よきライバルであり親友だったという。代表作に受賞作品のほか『幻花行』『わが友　太宰治』などがある。人生の最期を故郷弘前で迎え、東奥日報連載『想い出す人々』が絶筆となった」と紹介された。

　齋藤氏は、今官一『牛飼の座』に注目し、前述のように、「函館―青森海峡浪漫」と題して札幌の北海道文学館で講演したが、これは北海道開拓使技官エドウイン・ダンの伝記である。ダンは、アメリカオハイオ州の人で、牛と羊を提供したのが縁で、明治政府の黒田清隆に招かれ、明

治6年6月に来日し、開拓使が廃止されるまでの7年間を場長として務めた。今官一は、太宰治のように仰ぎ見るような連峰ではなかったが、『牛飼の座』に見られるような作家としての姿勢は、尊敬に値するものであったと評価した。

「北の文学連峰」の津軽の作家の系譜を見れば、すべてがどこかで繋がっている。たとえば、陸羯南の書生をしたのが佐藤紅緑、その佐藤の書生が福士幸次郎、福士を佐藤に紹介したのが秋田雨雀というようであった。

長部と太宰治の出会いが中学校2年の時であったエピソードも紹介された。なぜ、中学2年なのかというと、太宰が昭和23年6月13日に玉川上水に入水自殺した。そのことを弘前市立第三中学校の生徒であった長部は担任の先生が青い顔をして、「太宰が死んだ、日本一の作家が死んだ」と話したことを聞いた。長部は、それまで太宰について知らなかった。その帰りに古本屋で買い求めたのが、太宰治が日本の昔話を題材に執筆した『お伽草子』という短編小説集があった。これは、「抱腹絶倒」の面白さである。長部は一晩で読み終え、「太宰の虜」になった。爾来、『桜桃とキリスト　もう一つの太宰治伝』(文藝春秋社、2002年)にまとめあげた。このことは、『陸奥新報』の「文芸時評」で「太宰評伝の最高傑作　長部日出雄著『桜桃とキリスト』」に詳しく書かれている。この作品は、大佛次郎賞と和辻哲郎文化賞と東奥賞(東奥日報)のトリプル賞を受賞した。大佛次郎賞の選考委員に作家の井上ひさしがいた。彼は、「おそらくこれ以上の評伝はでない。評伝小説の最高傑作である」と言っている。中学校2年の時に担任の先生の「太宰が死んだ、日本一の作家が死んだ」に触発された少年が「太宰評伝の最高傑作」に到達した。それを支えたのが「津軽の風土」であった。このような津軽の伝統・風土を解明するためにも「津軽学——歴史と文化」の授業は重要であると高く意義づけた。

「世界のムナカタ」と「オリンピック代表の太宰治」の出会いを「自意識の固まりの太宰治」と「無意識の固まりの棟方志功」のぶつかり合い

のエピソードも興味深く紹介された。

　鎌田慧は、『弘前大学教授夫人殺人事件』を書いた。初版本は、『血痕——冤罪の軌跡』と題して1978年に刊行された。また、鈴木隆祐『名門高校人脈』で紹介された津軽出身でナショナリズムとデモクラシーの統合を説いた明治中期のジャーナリスト陸羯南の『反骨のジャーナリスト』(2002年) も書いた。

　「北の文学連峰」を醸成した津軽の文学風土はどこにあったのか。奥野健男『現代文学風土記』(筑摩書房、1968年) が紹介された。奥野は、「さいはてにひそむニヒルとユーモア／青森県」と題して、以下のように述べている。

　本州の最北端、青森県、特に津軽地方からは葛西善蔵、秋田雨雀、石坂洋次郎、太宰治、今官一、北畠八穂、福士幸次郎など個性的な文学者が生まれている。葛西善蔵―太宰治という破滅型文学の系譜を差し出されると、人はなにか津軽人に潜む烈しいむきな魂に触れた思いがするであろう。本州のさいはての厳しい風土に居て、反骨に痩せた肩をそびやかし、人間の真実の正義と幸福と美を観念の中に必死になって求め続けた姿が浮かんでくる。しかし石坂洋次郎、今官一になると津軽ごたくの流れを汲む土俗的なユーモア、人なつこい現実主義、明るさという津軽のもうひとつの面が浮かびあがってくる。だが葛西、太宰の中にも津軽の明るさや笑いがあり、石坂の中にも津軽の暗さ、ニヒリズムが潜んでいるように、津軽の風土も人間も、この両方の要素を併せ持っているのだ。吹雪にさらされる冬の暗い厳しい津軽、しかしその中で人々は炉辺で性を滑稽化した津軽ごたくに笑い興じる。遅い春に一時にひらく花、特に弘前城の桜は、田山花袋、小林秀雄などが日本でもっとも美しい桜と絶賛している。そしてリンゴの花、夏のねぶた祭、地蔵盆、いたこ盆踊、ここにはいわゆる日本のわびやさびではない原色のヴァイタリティがある。しかしその底抜けの明るさも飢餓によってたちまち悲惨な地獄に変る。いたこやおしらさまや賽の川原や地獄が、そのまま生きている

苦しく貧しい、しかしエネルギーにあふれる風土なのだ。

　齋藤氏は、教師生活35年を通して、子どもたちに「感動」を与えることを目指したと講義を締めくくった。編者も、大学の授業で学生の「驚き」と「疑問」を抱かせることを心がけているので、齋藤先生の言葉に心を打たれた。齋藤氏の講義を聞いて、もう一度、「津軽の文学」の各授業を聞き直してみたいとの衝動に駆られた。

学生からのフィードバック

　○絵を見るだけで作者の顔が一発で浮かぶくらいオリジナリティがある棟方志功。語り口にユーモアがある太宰治。その太宰と同期で親しかった影の存在、今官一は作家としての視線が素晴らしい。故郷をも虚構の対象としてとらえ自分流の芸術を広めた寺山修司。その彼を初めて評価した三浦雅士は、多岐に渡る分野から時代をみつめる文芸評論家だ。そして忘れてはならないのは、津軽という風土を冷静な目で分析しながらも愛情をもってみつめる作家長部日出雄。津軽にはまだまだ素晴らしい人物が存在する。陸羯南から始まり、佐藤紅緑、秋田雨雀、福士幸次郎、葛西善蔵、石坂洋次郎、鎌田慧……彼らは、津軽という風土で生まれ、風土の言葉で育っていった。そして一つの大きな山を築いた。しかし、その山は各々が独立できる確固たる人物達で構成されている事を忘れてはならない。津軽はその事に誇りをもつべきである。（人文学部　女子学生）

　○これまで4回、文学についての講義があったが、今回の話を聞いて、全て繋がったと感じた。皆どこかで出会っていたり、影響を受けたりしていて、津軽という狭い地域の中に数多くの偉人がいたことを改めて実感させられた。自由な弘前高校の校風によって、青春時代の時間を自分の好きなことに使えたことが、津軽が数多くの文学者を輩出している要因だと知り、自分の時間の使い方を改めて考えさせられた。（人文学部　女子学生）

○長部日出雄、鎌田慧、三浦雅士の3人は弘前出身である。齋藤先生はこの3人を含めた陸羯南から始まり三浦雅士までの作家の流れを「北の文学連峰」と名付けた。この作家の山はみな独立しているのだが、登りはじめてみると、必ずどこかでつながっているという。芸術家の棟方志功まで巻き込んだこの「北の文学連峰」は津軽から東北全体の豊かな風土が生みだしたものである。(人文学部 女子学生)
○津軽出身の文学者はそれぞれ独立しており、しかしどこかつながりをもっている。そんな津軽文学者の系譜は「北の文学連峰」と表現される。明治時代から暇なく誕生してきた作家たちの原点が津軽であり、今自分がそこで学ぶことができていることに誇りをもちたいと思った。最後に朗読された詩は、津軽弁で男の子の素直な気持ちがひしひしと伝わってきた。(農学生命科学部 女子学生)

弘前大学人文学部教授　長谷川成一
IX　弘前藩の歴史と文化

講義概要

　本州の北端に位置する弘前藩は、北では津軽海峡を挟んだ蝦夷地・北海道から、また東・南では南部・秋田地方から、西からは日本海海運を介して、ヒト・モノ・情報が行き交う交差点でもあった。このように多様な政治・経済・文化の影響を受けた弘前藩について、藩の成り立ちから弘前・青森の都市の成立と発展など、多岐にわたる弘前藩固有の各問題を、講義のなかで考える。

授業から学んだこと

　弘前藩の「歴史」に焦点が当てられた。津軽家とは、一体、何なのか。明治維新以降、津軽家は伯爵となった。常陸宮妃殿下は、津軽華子さんである。父親は、津軽義孝伯爵で尾張藩の出である。約270年にわたって弘前藩を統治した津軽家とは、どういう出自であったのか。明治時代からいろいろと言われている。俗説の一つに、津軽為信の木造が長勝寺に残っているが、髭が長く、毛深いということから、津軽家は「アイヌ民族」ではないかという人もいる。津軽家の「血筋」はどのようなものだったかを配布資料に沿って詳しい説明があった。

　江戸時代の大名家の数は、維新時には約270を数えた。270のうち、鎌倉に武家政権が成立して以降、明治維新に至るまで存続した大名家の数は、十指に満たない。たとえば、南部、佐竹、島津、伊東氏程度であっ

たに過ぎない。それ以外の260家は一体どうしたのか。中世の応仁の乱、それに続く、戦国時代において大半の「大名」は滅びた。この時代に「下剋上」という顕著な社会変革が起こった。「市民革命」と表現する人もいるが、そのような生やさしいものではなかった。これは、下位の者が上位の者を討ち果たすというものであった。極端に言えば、下の者が「260」の大名家となったということである。豊臣秀吉は、百姓の出自と言われるが実際はそうではない。秀吉自身は、尾張の土豪の出身であったことが最近の研究で明らかになった。江戸幕府を開いた徳川家はどうであったか。もともと、三河の松平郷に勢力を張った土豪で、徳川家康の祖父より数代前は、能登入道と称する時宗の「願人坊主」であった。まさに、どこの「馬の骨」であるか分からなかった。このように、家康自身の出自も遡るとかなり怪しくなる。そこで、赤穂浪士の討ち入りで有名な吉良家から源氏の系図を譲り受け、家康は征夷大将軍になった。「平氏」では、将軍になれないからである。織田信長は平氏であったので、室町幕府の第15代征夷大将軍の足利義昭から養子にするので源氏になるように言われたが、きっぱりと断った。信長は、最初から将軍になるつもりはなかった。当時の社会は、氏姓が官職と密接に結びついた。源氏―平氏―藤原氏―橘氏の氏姓に入らなければ、朝廷から官位・官職を得ることはできなかった。武家の官職体系の中に自らをどのように位置づけるかで、氏姓も決めていかなければならなかった。逆にいえば、当時の大名の出自がいかに怪しかったかということである。

　津軽家はどうであったのか。配布資料の「大名の配置（1664年ごろ）」の「弘前」と「保科」を見た。これは、会津若松藩の保科家である。NHK大河ドラマ「新撰組」で、会津藩主・松平容保が京都守護職として出るのが保科松平家である。近世の東北地方において、地理的にも、また大名の家格にあっても両極にある津軽氏と保科氏を取りあげて比較した。とくに、津軽氏に重点を置いて話した。「津軽見聞記」（宝暦8年、1758年成立）の史料（函館市中央図書館蔵）がある。これは、18世紀の中頃、津軽

へ来訪し、鰺ヶ沢に滞在して領内で広く商売した上方商人が見聞した事柄をまとめた旅行記である。第三者の目から見聞したもので、同見聞記の冒頭に、領主津軽氏の先祖は「大浜という所の郷士」と注目すべき記述がある。大浜とは、現在の青森市油川の古い地名であり、寛永初年に青森が開港されるまでは、陸奥湾に面した中世以来の有力な湊であった。加えて、大浜は古代末から中世にかけて奥州における交通の大動脈で「奥大道」の終点に位置し、大浜が所在する外浜から蝦夷島へ渡海する湊として繁栄した。慶長元年（1596）12月3日付「イエズス会年報」によれば、蝦夷人は、魚類・皮革・海草などを津軽へ売りに来て、津軽からは武器や布類、食糧を購入したとの記事があり、蝦夷島と津軽との交易を中心とした交流は途切れることなく続いた。大浜を含む16世紀の外浜一体は、北奥でも有力な蝦夷島との交易地帯であった。したがって、津軽氏の先祖が大浜の郷士という伝承は、蝦夷島、アイヌ民族との交易に同氏が深く関与したことを示唆するものである。当時の津軽氏の財力は、アイヌ民族との交易権によるものであったと考えられる。

　慶長11年（1606）9月、京都愛宕山教学院祐海が為信へ献じた書牒（国立史料館蔵）には、同人の武勇を讃えた史料である。その現代文には、「為信公は百戦百勝、近隣に武威を大いに振るい、異域・遠島に公（為信）の勇猛を畏れざるはないほどであった。他邦を割り取り隣国を呑み、初祖の始封の国邑の昔日の10倍に拡張した。公の忠孝を讃えて『藤』の一字が下賜され、藤原氏を名乗ることを許される栄に浴した。さらに北敵を塞ぎ、戦場において武勇の名を高め、当世において衆は皆帰服することになった」とある。異域とは、蝦夷島、外浜のことである。北敵の「敵」は、「狄」に通じるもので、異民族、すなわちアイヌ民族のことである。津軽家はアイヌ民族との関わりがあったことが明らかである。書牒の「『藤』の一字が下賜され、藤原氏を名乗ることを許される栄に浴した」とのことから、当時、津軽氏は「藤原氏」ではなかったことが分かる。津軽家が、「藤原氏」をはじめて唱えたことを証す史料が「津軽為信任右京大夫口宣

写真9-1

案」（慶長5年正月27日（1600）（国立史料館蔵津軽文書））であって、その中に「藤原為信」と記され、初めて朝廷から藤原姓が正式に認可された。

　江戸幕府の正式家系譜である「寛永諸家系図伝」の史料編纂を行い、幕府は各大名の家譜を明らかにするために系図を徴集した。当時の幕府の漢学者・林羅山らが編纂に大きく携わった。各大名から出された系図が、歴史的に正確かどうかを厳密に審査した。なぜ、審査をしなければならなかったのか。それは、「下剋上」で成り上がった怪しい家系をもつ大名が多かったからである。その結果、「寛永諸家系図伝」では、津軽氏の政信以前の系図を史実と認定しなかった。すなわち、政信—守信—為信という系図になっていて、政信については、「家伝にいはく、近衛殿後法成寺尚道の猶子となる、このゆへに藤氏と称す。いまだ其実父つまびらかならず」と幕府は書かせた。政信以前の津軽氏の家譜は、実態がわからないので、幕府は認めなかった。

　一方、南部氏であるが、「寛永諸家系図伝」によれば、清和源氏である。新羅三郎義光は、源氏の名家である。「由緒正しき」清和源氏嫡流の家

柄であるのに比べて、津軽家の政信以前はまったく不明となっている。

　津軽家は、近衛という血筋の最も高い貴種に求めることで、津軽地方の支配の正当性と正統性の根拠とした。一方で、「可足権僧正筆記」(弘前市立図書館蔵)という17世紀末に成立したものがある。可足という人物は、四代藩主信政の弟である。この筆記は、津軽家の先祖について書かれたものである。同筆記によれば、津軽家の遠祖、藤原秀栄は平泉藤原秀衡の弟で、津軽の内三郡を拝領して十三湊に住居していた。

　「本藩濫觴実記」(弘前市立図書館蔵郷土資料)と呼ばれる津軽氏の系譜は、古記を集めたもので、それに掲載された津軽氏の系譜は、表題が「安倍系図」とあり、初祖は安東氏と同様「安日」をあてた。そして、途中から、南部彦六郎源則信公となっているところから、安東氏から源氏に移った。

　大浦光信像が長勝寺に所蔵されているが、この像がいつ作られたものかわからなかった。前掲の『津軽の歴史と文化を知る』なかに、長谷川氏が「一体の像から―大浦光信像と津軽氏」という論文を書き、いつ作成されたかを明らかにしている。享保15年(1730年)、長勝寺が藩の援助を得て、江戸の仏師に作らせたという史料が発見された。この像の意義については、上述の論文に詳しく書かれている。享保14年および15年は、「津軽一統志」という弘前藩の官撰の歴史書が編纂された年である。それと前後して光信像が作られた。「津軽一統志」も、基本的には、「光信」から出発した。従って、光信像が作られたのも偶然ではなかった。光信廟の整備もこれと前後して行われた。

　「津軽一統志」では、寛文9年(1669)の寛文蝦夷蜂起の弘前藩の出兵のことが多く記されている。すなわち、アイヌ民族を掃討した歴史が書かれている。4代藩主信政が、威風を夷狄へ振るう様子が明記されている。威風を示しているがアイヌ民族である。弘前藩は、自らを「北狄の押さえ」であるとして、北の異民族に備える立場にあることを強烈にアピールした。しかし、「津軽一統志」が、幕府に提出されたという証拠は見つかっていない。弘前藩は、本州の北端にあって、「北狄の押さえ」

としての自己認識、アイデンティティを確立した。

　これに対して、会津若松の松平家は、伊達氏に対抗できる有力な大名勢力を有した。江戸時代に入ると武断的な政治から「文治政治」となり、いかに儒学に則った政治を行うかに変わっていった。石高は、あまり問題にならなくなった。保科正之は、三代将軍家光の異母弟であった。会津は、「出羽奥州の押さえ」との認識であった。すなわち、津軽は、「北狄の押さえ」であり、会津は「出羽奥州の押さえ」という考えであった。「奥羽の鎮め」が、会津若松藩の役目であるとの言われ方がされる。

　これが、最も顕著に表れたのが幕末維新期である。周知のように、会津は、最後まで幕府に忠誠を誓い、戊辰（会津）戦争において、城に砲弾を撃ち込まれ、幕府と一緒に会津も瓦解する運命を辿る。津軽家の場合、「北狄の押さえ」の自己アイデンティティとして、弘前藩は箱館戦争の前線基地になる。まさに、北への備えとなり、維新後まで藩体制は残る。弘前藩は、外様藩で最初は4万5千石、それが19世紀初頭には10万石に格上げになった。会津藩は、三代将軍家光の異母弟であるところから、23万石から24万石の御家門大名として、御三家（尾張、紀州、水戸）に次ぐ家格をもつ大名として活躍した。外様と御家門大名、東北の北端と東北の南端に置かれる地理的環境のなかに自らを位置づけ、自己のアイデンティティを涵養し、戊辰戦争のときに、会津は瓦解し、弘前は拡大していく二つの末路を辿る。

　講義について詳しく知りたい方は、長谷川先生の「近世東北大名の自己認識──北奥と南奥の比較から──」（渡辺信夫編『東北の歴史　再発見──国際化の時代をみつめて──』河出書房、1997年）が、本学附属図書館に所蔵されているので参考にしてもらいたい。

学生からのフィードバック
　○津軽藩はアイヌ民族との関わりと共に発展してきた。寛文9年のシャクシャイン出兵で4代信政がアイヌ民族に対し威風を示したよ

うに、津軽藩はそのアイヌ民族との関わりから「北狄の押さえ」と呼ばれた。藩としての役割を自ら規制することで、箱館戦争では補給基地として働き、維新後まで残ることとなった。自己アイデンティティが津軽藩の強みとなったのだと思う。(農学生命科学部　女子学生)

○弘前藩がいかにして時代をかけぬけたのか。大浜郷士だった津軽家は1606年の時点で、夷島（北海道）と外浜（青森）を指す異域をおさえていた。北敵であるアイヌ民族を防ぐ大役をこの時からすでに負っていたのだ。津軽家の血筋、貴種、正統性、正当性を証明してもらう事に対する固執は、五摂家七精華の筆頭近衛家のバックアップにつながる。そしてその後の戊辰戦争においても津軽は官軍となってみごと大役を果たすのだ。津軽藩がこのように重役の任を負ったのは、ひとえに北敵の域に一番近い藩だったからだけではない。藩の誇りがとても強かったためだ。それゆえ、今日まで注目を浴び続けることができるのだ。弘前には、弘前藩が残した歴史と文化が色濃く残っている。(人文学部　女子学生)

○江戸時代の大名は、そのほとんどが室町〜戦国時代の下剋上により這い上がってきた者達であるそうだ。津軽氏も同様に「寛永諸家系図伝」において、政信以前は認められていない。弘前藩は北狄の押さえとして、アイヌに威風をしめし、重要な拠点であった。注目されていた藩の正統性を示すために、天皇に次ぐ高い血筋の近衛家に政信は養子に入った。近衛家に由来があるから津軽家の家紋は牡丹なのだ。氏姓制度の中でいかに自分の血筋を高くするか計算していたことに関心を持った。(人文学部　女子学生)

○現在の弘前城の主であったのは津軽家であった。津軽家の祖といわれる大浦光信から始まり、彼らの血筋については数々の説があり、未だに謎が多い。しかし、寛文九年の蝦夷蜂起（シャクシャインの反乱）から続く北敵アイヌ民族との戦い、そして箱館戦争における前線基地の役割にみられる「北狄の押さえ」としてのアイデンティティは

間違いなく彼ら津軽家に受け継がれていた。（人文学部　女子学生）
○津軽の歴史について、こんなに聞きやすい授業は初めてだった。アイヌとの交易があったことや、シャクシャインなどの北海道、蝦夷地に関係していたので、私にとっては、とても興味深い内容だった。この間、弘前市立博物館へ行ってきた。その時、津軽藩の歴史についての資料が絵巻などを見ていたので、今回の授業がとても自然と体の中に入ってきたため、またききたいなと思える授業だった。資料もおもしろいものが多くてよかったなと思う。（教育学部　女子学生）
○高校の日本史の授業で習ったことがいくつか出てきて、懐かしく感じた。特にアイヌとの関係は聞きながら思い出すことが多く、知識を深めることができた。自分の住む土地について知ることは、やはり面白いし、それこそ大学で必要な勉学であると思い、津軽学の価値を改めて再認識した。血筋が意外にあいまいなものであったことは意外だった。（人文学部　女子学生）

備考
　2006年度の授業では、十分な時間が取れなかったことから、2007年度は2回の講義をお願いした。第2回目は、ビジュアルな史料を用いて近世都市弘前と青森についての講義が行われ、弘前および青森の歴史が身近になった。イラスト図を通して、城下町を鳥瞰図的に見ると街並みが整然としていたことがわかった。授業日（2007年6月20日）の二日前、『東奥日報』（2007年6月18日（夕刊）で「弘前城本丸石垣改修」の記事が写真入りで大きく報道され、長谷川先生のコメント「江戸時代初めに四万五千石しかなかった津軽氏だが、居城は十万石の大名に匹敵する」が掲載され、弘前城についての講義の最良のタイミングであった。また、明治維新を契機として、青森と弘前の発展は対照的となり、県庁の所在地が青森となった理由も何となくうなずけた。弘前城といえば、素晴らしい桜を連想するが、城下町の歴史も学んだ。津軽藩は、中世・戦国都市の歴史をもたない「近世人口都市」を特徴としたもので、豊臣秀吉も実現できなかった整然とした美しい街並みが現存していることも学んだ。次回の「近代津軽の西洋文化受容」の授業に繋がる興味深い内容であった。

秋田看護福祉大学教授　北原かな子
X　近代津軽の西洋文化受容(1)
―― 明治初期の外国人教師たち

講義概要

　明治5年に弘前藩学校の後身として開校した私立東奥義塾では、開校当初から外国人教師を招聘して洋学教育に力を入れた。津軽地方には、彼等の影響でさまざまな西洋文化が伝わった。この講義では、どのような人たちが弘前に滞在したのか、また津軽地方の人たちとどのような交流があったのか、などを取り上げ、津軽への西洋文化の影響を考える。

授業から学んだこと

　前回の長谷川先生による近世津軽藩の歴史と文化との繋がりを重視する形で授業が行われた。副題も「明治初期の外国人教師たち―― Arthur C. Maclay を中心に――」であった。明治初期に東奥義塾に招聘された5人の外国人教師たちの中で、二代目アーサー・マックレーには、なぜか、これまで焦点が当てられなかった。それどころか、本当にマックレーは弘前に来たのかという疑念さえもたれた。これに対して、北原先生の講義は、実証的研究を踏まえた有意義な内容であった。幕末から明治初期にかけての激動の中には不可解な部分が少なくない。この講義では、歴史の舞台裏を興味深く、そして激動の幕末を外国人教師という目を通して分析するというユニークな方法でアメリカで発掘した貴重な写真や署名などを、パワーポイントを駆使して「歴史の醍醐味」を楽しく解説した。

最近の若者は、歴史に関心がないと嘆かれるが、それは学生を引きつける魅力のない講義だからではないかとさえ思えた。北原先生の授業に傾聴する学生の姿が印象的であった。

　以下が講義概要である。

　まず、東奥義塾という学校の説明があった。これは、石川地区にある現在の学校の前身校にあたる。講義レジュメでは、「1. 私学東奥義塾」、「2. 東奥義塾を作った人たち」であったが、前回の長谷川先生の講義内容を踏まえて、新たに、「1. 戊辰戦争と弘前藩の動向」を加え、会津藩と弘前藩の対照的な動向についても触れた。戊辰戦争は、近世から近代へ移行する重要な内戦（Civil War）ということができる。戊辰戦争時に奥羽越列藩同盟ができた。会津藩は、藩の教えを掟として守り続け、徳川幕府文治政治の模範（優等生）でなければならず、京都守護職を引き受けたことから窮地に立たされ、白虎隊の悲劇に繋がった。会津藩を救済するため東北諸藩が結成した。これを奥羽越列藩同盟と称した。しかし、各藩の内情はさまざまであった。弘前藩は庄内藩と手を組むことにし、使者として庄内に向かった若い藩士たちが、その大役を無事に終え、庄内藩と攻守同盟を結んで弘前藩に帰還したとき、藩論が逆転して弘前藩も奥羽越列藩同盟を脱退し、逆に、庄内藩を討とうという状況になっていた。その背後に、弘前藩と近衛家の密接な関係があり、近衛家のアドバイスにより、朝敵になることを避けたという苦渋の決断があった。しかし、若い使者たちは、彼らの役目は何であったのかと怒り、あくまでも筋を通そうと切腹を申し出た。しかし、切腹は許されなかったことから、彼等は脱藩して庄内に向かった。この時代の脱藩とは死罪に匹敵した。彼等は庄内藩に戻り、藩主の前で彼らが密約を取りつけるために「嘘」をついたことを謝罪した。二つの藩主の対応は見事であった。庄内藩主は、その志の潔さを感じ、責めぬばかりか、より優遇した。また、他の弘前藩士のとりはからいで弘前に戻った彼等を、弘前藩主は、藩の命令に忠実に従ったことで藩士の責任ではないとして、脱藩の罪を問わ

なかった。彼等は、名前を変えただけで帰藩を許された。この若い使者たちこそが、後の東奥義塾創設の中心となる菊池九郎（1847〜1926）と、菊池とともに東奥義塾の教育に尽くした本多庸一（1848〜1912）で、その後、東奥義塾だけではなく、弘前の発展に尽力した。とくに、本多は、「我が故郷のごときは、力もなければ金もないし、全国に遅れを取っている。知力をすすめることで全国と平衡を保っていくしかない、したがって教育が重要である」との認識を持っていた。この認識のもとで、創設されたのが東奥義塾であった。東奥義塾が創設されたのが1872年であるから、彼らは25歳前後とまだ若かった。東奥義塾は1872年の創立であったが、その前身は古く、弘前藩の稽古館（弘前学問所）まで遡り、東奥義塾として出発するにあたっては、藩主が資金を拠出した。東奥義塾の特徴としては、1）1872年開学、2）私立学校、3）旧藩学を継承、4）洋学中心教育、5）津軽地方育英事業の中心、6）「西洋文化の窓」などをあげることができるが、最大の特徴は、「私立学校」であったということである。旧藩校でありながら、私立学校となったケースはほとんどなく、現存している学校は東奥義塾ぐらいである。東奥義塾は、私立学校でありながら、津軽地方の教育の中心となった。この時期、文部省は「学制」を発布して学校普及に努めたが、最初に弘前で開学した小学校の教員、教科書、児童は、東奥義塾から借りたものであったほどで、その影響力が強かった。しかも、東奥義塾は洋学を中心としたので「西洋文化の窓」となった。

　東奥義塾は、私立学校であったため国から援助を受けなかった。国からの援助を受けて教育する方が楽ではあったが、それでは、教育内容に「口」が挟まれる。したがって、東奥義塾は「官の援助を仰がずに」の志を重視した私立学校であった。

　この学校の特徴的な一つは、授業が外国人教師によって教えられたことである。以下に、5人の外国人教師を簡単に説明する。
①初代外国人教師ウォルフ（Charles H. H. Wolff 1873・1〜1873・12）
　ウォルフが最初に弘前に来た外国人教師である。ウォルフ夫妻は、弘

前の人の「人間」という概念を変えたと思われる。なぜなら、当時の人は、日本人を人間だと考えていたからである。ところが、ウォルフは背が高く、肌は真っ白、髪はモジャモジャで茶色、目はグリーンで人々に衝撃を与えた。

②第2代外国人教師A・C・マックレー（Arthur C. Maclay 1874・4～1874・11・11）

マックレーの写真と自筆の署名が授業で紹介された。彼が教師として弘前に着任したとき、まだ21歳の若さであった。その後、東京と京都で教師をした。帰国後、日本紹介の本を執筆した。書名は、アーサー・C・マックレー『日本からの書簡集』と題するもので、英文のタイトルは、*A Budget of Letters from Japan: Reminiscences of Work and Travel in Japan*（A.C. Armstrong & Son, 1886）である。

③第3代外国人教師ジョン・イング（John Ing 1874・12～1878・3・7）

彼が、弘前にリンゴを持ってきたという伝説がある。弘前の歴史を語るうえで不可欠な人物である。また、青森県史を語るうえでも重要で、彼を抜きに歴史をまとめることはできない。彼については、次回の講義で話す。

④第4代外国人教師W・C・デーヴィットソン（William C. Davidson 1878・2・26～1878・冬）

東奥義塾は、第4代目デーヴィットソンのときに絶頂期を迎えた。当時、岩手および青森を視察した文部大書記官西村茂樹は、「この義塾は規則の整頓生徒の進歩共に岩手青森二県中の第一等に居るのみならず、其他の府県にもまた其類を見ること罕なるべし」と述べた。また、「石川県下金沢の啓明学校、沼津の中学校はこの義塾と相伯仲するに足るといえども、彼は公立として此は私立なれば、その難易同日の論に非ざるべし。」と述べ、金沢や沼津の学校は、公立で財政的にも安定しているので当然のことであるが、東奥義塾は私立学校であった。すなわち、その難易は同じ言葉で語れない。さらに、「最初より政府の扶助を仮らず、

此の如きの僻陬に在りて能く300人の生徒に適当の教育を施すは、実に賞賛すべき美挙と云うべし」と述べられた。これは、明治11（1878）年のことである。

⑤第5代外国人教師ロバート・カール（Robert F. Kerr 1879・6・13〜1880・7・28）

彼は自筆の日記の抜粋を残している。そこには、彼が明治12年に弘前に来たときの様子が描写されている。

今日の授業では、マックレーの著書『日本からの書簡集』を中心に述べた。著書の目次によれば、1873年暮〜1878年に日本に滞在した。この5年余りの体験をもとにまとめたのがこの本で、日本からアメリカの友人宛に手紙を出すという形でまとめられた書物である。そのため、「第一章」ではなくて、「第一書簡」（LETTER I）となっている。当時、サンフランシスコから横浜まで船で17日間かかった。横浜に到着したマックレーが、コスモポリタン化した横浜を見て驚いたと記録されている。

写真10-1

書簡の中には、弘前について書かれたものもある。本を刊行したのが、1886（明治19）年で、この時代にアメリカでこれだけ弘前のことが詳細に書かれたことは驚きであった。

マックレーの書簡は、外国人の目から見た弘前を描いたもので、日本人が見落とすような興味深い視点で描かれている点で重要である。

どのようなことが著書に書かれているのだろうか。青森到着までのことが次のように書かれている。まず、3月に横浜を出発した。友人に弘前に行くと話したら、「野蛮人」の住む地でも行くのかという怪訝な顔をされた。不安を抱きながら海路を北上した。箱館に着いた。彼が目にした箱館は、外国人居留区で、彼らの身勝手な行動がシビアに描かれた。そこから、青森に着いた。彼の最初の感想が、英語で以下のように書かれていた。"Everything was silent and dark. No street lamps anywhere. Here indeed was real Japan" である。これを、日本語に訳せば、「すべてが暗くて沈黙である。外灯さえついていない。これが日本なのだ」という意味になる。英語の方が説得力がある。最も印象的な言葉は、「これが日本なのだ」である。そこに、東奥義塾の学生たちが出迎えた。その時の会話も印象的であった。"We welcome you, dear master" である。この言葉のニュアンスを日本語に訳すのは困難である。出迎えた学生たちは20歳くらいで、出迎えた先生も同じ年の若者である。その会話が、「私たちはあなたを歓迎いたします。ご主人様」である。そこに見られる意識格差、そして日本人学生たちの「学ぶ」ことに対する謙虚な姿勢を看取できる。"How is your health?"「ご健康はいかがですか」の表現にも、当時の日本人の英語レベルがうかがえる。"If you desire anything, command us to do it."「もしも、あなたが何かお望みになることがあるのでしたら、それをするようにご命令ください」という強烈な表現である。これらの表現を通して、当時の日本人学生が西洋の学問を学ぶことにどれだけ一生懸命であったがわかる。僻地にあり、西洋の学問を学ぶ希有な機会を与えてくれる外国人教師に失礼があってはならないという謙虚な態度が十分に伝

わってくる。これが、マックレーが接した弘前の最初の印象であった。"How do you call your name?" は、「何とお呼び申し上げたらよろしいでしょうか？」という内容で、当時のカルチャーショックがわかる。

　当時の東奥義塾の学生のことをマックレーは、どのように描いているのだろうか。「この学校は前の大名によって援助されています。ここの人々の学ぶことに対する意欲や努力は、称賛せずにはいられません。学生たちは全部で約80名です。彼らは全員侍の子息です。ここでは平民が学校に来ることはまだ一般的ではありません」と具体的に記述されている。東奥義塾の記録には、市民平等に受け入れると書かれている。英文史料によって、当時の実情が明らかとなる。次に、学習風景について、「彼らと知り合うにつれ、彼らが優れた学生たちであることがわかります。最初に私が教室に入っていったとき、彼らがみな同じように見え、どうやって見分けたらいいのかとても困惑しました。彼らは皆礼儀正しく、やるべきことはきちんとやります。学生たちの平均年令は16才です」と記録されている。当時のアメリカの教科書などを見ると、アングロサクソン系の人々は、他の人種を容易に認めないことが多く、当時の中国などは、あまり高い評価ではなかった。しかし、どういうわけか、日本は評価が高かった。マックレーも実際に接した日本人を高く評価している。

　次に、学習方法について、「学生たちの勉強方法は我々のものとはかなり違っています。彼らは全てを暗記してしまう中国方式を採っています。ある少年などは、頁全体を正確に繰り返します。しかしその内容についてはほとんど意味がわかっていないのです。私は彼らのこの習慣を打ち破ろうと、大変苦労しました。学ぶとき、彼らはとても騒々しくなります。3人から4人程で教室に入っていき、次の日の歴史の内容を声を揃えて大声で叫びながら、椅子の上で身体を前後にゆすっています。彼らは習うところまで、文章ごとに大声で唱え、進んでいきます。例えば『ポンペイを征服したシーザーは意気揚々とローマに凱旋した』のよ

うな文章があるとします。彼らは最初にシーザーを6回繰り返します。それから、次の文節を少なくとも十二回は大声で唱えます。そして最後に次の締めくくりの節を耳をつんざくような声で満足感と共に叫ぶのです」、と大声で音読して、英語を丸暗記した様子が記録されている。当時、弘前の英語力は、全国のトップレベルであった。

マックレーなる人物は、東奥義塾に写真はあるが、本当は、弘前に来なかったのではとの疑問を抱く人もいた。その理由は、マックレーに関する史料があまりにも少ないからである。この疑問を払拭する手がかりとなったのが、彼が著書の中で「弘前城内」を描いた箇所であると北原先生は強調する。すなわち、マックレーの著書『日本からの書簡集』のなかで、弘前城内が描かれ、「道にそって丘を降りると、我々は長い耐火性の『倉庫』のところにたどりつきます」の「道にそって丘を降りると」のところは、地図だけではわからない場所である。なぜなら、当時の地図からだけでは「坂」であるかどうかはわからず、その場に行かないとわからないからである。これだけでも、マックレーが弘前を訪問したことを裏づける重要な資料であると指摘する（詳細は、北原かな子『洋学受容と地方の近代』（岩田書院、2002年）を参照）。

次に、マックレーの東奥義塾との別れについてである。彼は、4月に着任して11月11日まで滞在した。明日出発するという前日、明治7年11月10日、「今東奥義塾と学生たちに別れを告げなければならないことは、僕にとって後悔にも似た感があります。彼らは八か月の間僕の仲間でした。とても親切で、ここにいる間、どこへいくにも好意をもって付き添ってくれました。授業においては勤勉で、教室でも礼儀正しかった。もし僕がもう一年ここで教えれば、楽しめるだろうと思います。しかし孤独な生活に僕は疲れ果ててしまいました」と告げている。弘前では、まともに料理も準備できなかったようである。また、西洋料理もなかった。パンもまともなものがなく、コーヒーも飲めない、好きな音楽も聴けなかった。弘前の人たちの努力にもかかわらず、孤独な生活から抜け

出せず、結局、契約満了とともに11月11日に弘前を発つことになった。東奥義塾の学生が馬上のマックレーを途中まで見送り、そこでの8か月の教育に対して心から感謝の言葉を述べたことに、彼は痛く感動した。その後、上京して、東京大学前身校工学寮小学校教師そして京都の中学校教師となったが、特に京都ではなかなか馴染めず、途中で契約を破棄してアメリカに帰国した。マックレーは東京でも京都でも、ことあるごとに弘前を懐かしんでいた。

　帰国後、コロンビア大学で学んだ後、弁護士となり、ニューヨーク教育委員会で日本を紹介し、著書も執筆するなど「初期ジャパノロジスト」として活躍した。

写真10-2　『陸奥新報』(2007年6月29日)

学生からのフィードバック

○前回の授業から今回の授業にうまくつながっていったので、歴史は続いているということを感じた。アーサー・マックレーが弘前にいてどのような気持ちだったのかを知っていくごとに、東奥義塾の学生は大変勉強熱心だったのだなあと思った。また、津軽とアメリカの文化の相互交流になったと知り、何だかうれしくなった。「教科書ではわからない歴史」をもっと知りたいと思った。（教育学部　女子学生）

○戊辰戦争、奥羽越列藩同盟の裏切りなどをへてつくられた東奥義塾。官の援助を仰がずに私立にし、旧藩学を継承する形、洋学中心の特徴がある。講義は外国人教師マックレーを中心進められた。はじめて青森に来たとき Here indeed was real Japan と思わず言った言葉からも当時の様子が分かる。生徒は、西洋の学問を学べる喜び一杯でマックレーに尽くしたという話は感動した。"学ぶ"ことにありがたみを感じないとダメだと思った。マックレーが記した弘前城の様子は実際に来ないと書けない記述だと思った。外国人らしい表現もあって、すばらしいと思った。この本が多く読まれたことから、古くから津軽の文化が外国に出ていたことが分かった。この講義は聞いていて本当におもしろかった。（教育学部　女子学生）

○北原先生の講義は、わかりやすいかつとても楽しくて、90分があっという間に感じた。そして、私は今回初めて東奥義塾の成り立ちを知り、驚くことがたくさんあった。その中でも特に、東奥義塾は旧藩学を継承した私立学校ということで、国からの援助を受けずに学校を運営しており、それが徳川幕府解体の文化が流れた静岡などの学校よりも高く評価されていることにとても驚いた。でも高く評価されるようにマックレーが著書の中で語る東奥義塾の学生は、とても優秀で人間味あふれた素晴らしい学生であり、すごいと思った。私もこのような学生を見習って、大学で一生懸命勉強し、色々な経

験をして、人間的に大きくなり、成長していきたいと思う。(教育学部 女子学生)

備考
　本章は、授業中に配布された資料および北原先生のパワーポイントを参考にまとめた。

> 秋田看護福祉大学教授　北原かな子
XI　近代津軽の西洋文化受容(2)
――津軽地方初の米国留学生たち

講義概要

　明治10年に5人の留学生がアメリカ・インディアナ州のインディアナ・アズベリー大学に留学した。彼等は現地到着後すぐに入学試験を通り、在学中も数々の優秀賞を受賞するなど、同大学の歴史に残るほど活躍した。この講義では、津軽地方からどのようにしてこうした留学が可能になったのかについて学び、この留学生たちの存在によって示されることになる明治初期津軽の学力水準に付いて考える。

授業から学んだこと

　先週に続いて、今週は「津軽地方初の海外留学生たち―ジョン・イングの指導を中心に―」と題するシラバスが配布された。北原先生によれば、今回の授業は、長谷川先生から数えて4番目の講義であるとの位置づけであった。
　1877年（明治10年）に、最初の留学生が弘前から出たという事実は、多くの人に衝撃を与えた。当時の留学がどのようなものであったかを知るには、当時の「日本人と英語」について理解しておく必要がある。近世期日本は、鎖国のためにオランダとの交流が許され、洋学といえば蘭学（オランダ語を学ぶことではなく、オランダ語で書かれた本による学問）であって、オランダ語が中心であった。幕末洋学については歴史教科書に

あまり出ず、ペリー来航と日本の開国ぐらいである。ペリーが来航したとき、どのように意思疎通ができたのかという素朴な疑問が生まれるはずである。このような点を歴史教科書に記述してくれると、もっと歴史に興味を抱くはずであると北原先生は語った。最初にペリーの船に乗り込んだ日本人が何と喋ったのか誰もが興味のあることである。それは、"I talk Dutch!"であった。日本人がオランダ語しか話さないことは、ペリーも事前に調査済みで百も承知であって、オランダ語を話す船員を同行していた。オランダ語が中心であった洋学の範囲が英学まで広がった。日本人は良く英語が苦手だと言われるが、本当にそうなのか疑ってみる必要がある。なぜ、日本人が英語を苦手なのか、それは英語を必要としていないからである。英語を必要とすれば、使えるようになるというのが北原先生の基本的な考えである。本当に英語が苦手であったかどうかを疑ってかからないと明治時代の留学生の問題は解明できない。

　明治時代の日本人の英語レベルは、今の学生よりもはるかに高く、とくに、明治前期は、今の英文科の大学院レベルであったと思われる。なぜなら、当時の学生は、留学してアメリカ人と肩を並べるだけの力を持っていた人が多くいたからである。このような事実を看過してしまうと「日本人は英語が嫌いだ！」となってしまう。当時の日本人はどのようにして英語を習得したのかも含めて聞いてもらいたいと授業が始まった。

　ペリーの来日により、洋学は蘭学から英語が徐々に浸透した。その転換期になったのが1859年であった。中津藩で蘭学の秀才といわれ、オランダ語に自信を持って横浜に出た福沢諭吉が英語で書かれた町の看板がまったく読めなかったというエピソードはあまりに有名である。ここで福澤は、これからは英語の時代だと痛感した。

　当時の英語事情には、変則英語と正則英語の二つがあった。簡単にいえば、変則英語とは発音を重視しないもので、正則英語とは、逆に、発音重視である。同じ英語でも、正則英語は日本人同士で学習することは不可能である。発音を重視するのであれば、ネイティブから学ぶしかな

かった。当時、外国人が少なかった津軽地方で正しい英語の発音を学ぶ機会は限られた。たとえば、"Sometimes" の英語の単語をどのように読んだかと言えば、「ソメティメス」と発音した。読むには読めたが意味がまったく通じない状態である。もちろん、意味は理解できた。"People" が「ペオプル」であり、極めつけが "The" である。読めない。結局、読みようがなくて「トヘ」と読んだと言われる。要するに読み方はどうでも良かったことになる。意味がわかれば良かったので訳しながら英語を学んだ。

　1872年 (明治5年) に「学制」が発布され、近代学校制度が始まった。それまでは、各藩による地方分権的な教育であった。「学制」の発布によって、教育の中央集権化が始まったが、始まったばかりの頃は、特に中等教育は何を教科書にして良いかスタンダードとなるものがなかった。そこで、英語で書かれた教科書が使用された。当時、英語が巷に流行し、芸者でさえも英語を使ったと言われた時代である。正則英語を学ぶ機会に乏しかった当時のエピソードもある。ある時、子どもが馬に引かれそうになった。その状況を見た日本人とアメリカ人が、同時に、次のように叫んだ。"Have an eye !"（気をつけて！）である。発音的には、「アブナイ！」と日本語のように聞こえる。アメリカ人はどうして日本人がそのような表現をしているのだろうと考え、日本人はアメリカ人がどうして日本語が話せるのだろうと互い驚いた。

　当時、どのような教科書が使用されたか、東奥義塾の学生が使用した英語の教科書がパワーポイントで紹介された。どの教科書も英語で書かれていたので学生は英語を学ばざるを得ない。その結果、英語力も高まった。この時代、英語で書かれた教科書を使用して学習した多くの日本人がいた。明治20年になると、英語で書かれた教科書が、次第に、日本語で書かれた教科書に変わったが、これと並行して日本人の英語力も落ちた。

　明治9年創設の札幌農学校で学んだ新渡戸稲造の世代は、英語が自由

に話せただけでなく、手紙の文通も英語だった。

次に、津軽の英学とジョン・イングである。東奥義塾で偉大な功績を残したのが第3代外国人教師ジョン・イングであった。最初に、イングの貢献についてであるが、東奥義塾教師としてキリスト教宣教師として、そして地域の指導者としての貢献があるが、今回の講義では東奥義塾教師としての貢献に限定する。来日前のイングの経歴を見ると、南北戦争に大尉として従軍し、退役後に牧師を目指してリベラルアーツ・カレッジで有名なインディアナ・アズベリー大学（現在のデポー大学）でリベラルアーツを学び、学業優秀で卒業生総代となった。1870〜1873年、中国で伝道活動に従事した。当時の彼は、キリスト教至上主義でキリスト教優位性を確信する伝道者であったと思われる。中国国土は広く、言葉

写真11-1　ジョン・イングファミリー（東奥義塾所蔵）

の隔たりが大きかった。イングの妻が病気となり、アメリカへの帰途を決断した。途中、日本に寄港したとき、出産したばかりの娘が亡くなり、横浜に埋葬することになった。悲しみの最中、東奥義塾の関係者が教師を探しているとイングの前に現れた。これも神の思し召しだと考え、しばらく日本に滞在しようと弘前に来た。

　イングは、東奥義塾でどのような教師だったか。「彼は元米国騎兵少佐にして宣教師になり、資性忠厚義気に富める人であった。英語、理、化、数、博物、史学を担当したが教授に当たっては一字一句皆肺肝より出で、其歴史講義に於て忠孝節義の條に至れば……（後略）」（笹森順造『東奥義塾再興十年史』1931年、13-14頁）との記録があるように、熱がこもった授業をして感動のあまり泣く学生もいた。また、農業を奨励し、とくに「林檎を始めて弘前に紹介」したとの記録もあるが、これが事実かどうか不確かである（詳細は、北原かな子「『リンゴ伝説』を考える――文明開化期津軽のウエスタンインパクト――」郭南燕編著『周縁地域の自己認識――津軽とオタゴの知識人を中心に――』（弘前大学出版会、2007年）を参照）。

写真11-2　天皇巡幸時のション・イングと東奥義塾生（東奥義塾所蔵）

イングの指導のハイライトは、1876年7月15日、明治天皇が青森を巡幸したとき、天皇の前に自分の学生たちを連れていき、天覧授業をやったことである。すべて英語暗唱で天皇を驚かせ、英語の辞典を買うようにとご褒美をもらった。
　写真11-2が、当時の貴重な写真である
　次に、東奥義塾での具体的な指導についてである。まず、カリキュラム（時間割）の改組である。カリキュラムは日本語で書かれているが、そこで使用された教科書は漢文等を除くとほとんど英語であった。東京だけでなく、弘前でも英語で学習し、決して、東京に遅れていなかった。そこでは、イング自身が学んだ教科書を参考に東奥義塾でのカリキュラムを改組した。次に、「文学社会（Literary Society）」を作り、学生たちの語学力向上、弁論など思想鍛錬方法、地域の政治活動に影響を及ぼした。東奥義塾の「文学社会」は、明治10年10月に設立された。「文学社会」のような設立が最も早かったのは、札幌農学校の「開識社」で明治9年11月設立であった。東奥義塾は、それより約1年遅れて明治10年10月設立であったが、明治9年7月15日天皇巡幸時の天覧授業の内容を見ると、「文学社会」の形式を取っているため、実質的には札幌農学校よりも早かった。「文学社会」は、イングの母校インディアナ・アズベリー大学で盛んに行われており、その内容から見ても、イングが東奥義塾に持ち込んだものといえる。このように、東奥義塾の学生は弘前で学んだが、それは高度な内容でアメリカの大学の附属のようであった。レベルの高い教育の結果、津軽地方初の海外留学生の派遣が可能となった。この海外派遣もイングの指導によるものであった。
　もう一つは女子教育である。パワーポイントで明治10年の東奥義塾の女子教育の写真が簡単に紹介された。髪を結った着物姿の女性が英語を習った時代である。女子の英語の授業はイング夫人が担当した。イング夫人は、東奥義塾の様子を詳細に手紙にして本国に送ったが、それが時折、現地の新聞で掲載され、興味が持たれた。当時の日本の授業風景

をアメリカ本国に伝えた。たとえば、習字などは、アメリカになかったので伝えるのに工夫した様子が読み取れる。これらの新聞資料は、当時の東奥義塾を知るうえで貴重である。

弘前女学校で明治20年代初頭に教師を務めた成田らくという人物が残した英語の単語帳が見つかった。当時の女性がどのようにして英単語を学んだかを知ることができる。単語は、筆記体で書かれ、横書きではなく、縦書きであったという興味深いエピソードも紹介された。

次に、津軽地方初の海外留学生たちについてであるが、4つのポイントについて述べた。1) 留学資金（渡航費、滞在中の費用）、2) 受験準備、3) 在学状況、そして、4) 留学生たちの評価である。まず、渡航費用は、イングの手紙の抜粋によれば、「佐藤氏は大部分を彼の父から援助してもらいます。また、おそらく私はWhangにおなじような援助をすることになると思います。そして、とてもよいのは、彼らが、自分たちで働きたいと言っていることです。旅費はすべてこの学校（東奥義塾）と私が持ちます。ですから、すべてうまくいっています。ただ、彼らがグリーンキャッスルに到着した後、どのようなサポートをしていただけるでしょうか」と記録されているように、佐藤愛麿の場合は、私費留学であった。当時、国費留学に一人で1000円かかると言われた時代で、月3円で一家がどうにか暮らせた時代の1000円である。彼らの留学は、家督や学校の名誉を背負ったものであった。滞在経費は、働きながら工面するという苦学生であった。なぜ、イングが、留学生を送り出したのか、彼の意図は、明白であった。もちろん東奥義塾のためということもあるが、真意は、東奥義塾生を「徹底的に訓練された宣教師」に育てるためで、彼らが「学位を手にして中国や日本の異教徒の地で働いたとき、外国人とは比べ物にならないくらい、効果的であろうということは言うまでもないことと思います」とのイングの期待があったが、結果的には、派遣された学生は宣教師にならなかった。

留学生の一人、佐藤愛麿が横浜港を出発し、サンフランシスコに到着した時の感動の様子を表現した英語の文章が残されているが、そこには、彼らが東奥義塾で学んだ英語力のレベルを測り知ることができる。アメリカに到着した3週間後に入学試験が行われた。試験科目は、ラテン語、ギリシャ語、数学、英語、自然科学であった。東奥義塾のカリキュラムの中にこれらの科目が含まれていた。しかし、ラテン語とギリシャ語は含まれていなかったので、イングが留学を予定した学生たちに放課後、特別に授業したものと思われる。受験準備は首尾良く行われたので日本人学生は非常によい成績で試験に合格した。

　日本人留学生たちは、当初から優秀な成績を収めた。佐藤愛麿は、「文学社会」の最初のスピーチコンテスト代表に選出され、優勝した。彼らは、東奥義塾で学んだ後、アメリカに留学して優れた成績を収めた。インディアナ・アズベリー大学での評価も高かった。このように、明治初期の東奥義塾の教育水準の高さを1877年の留学生たちが立証した。

　日本からの留学生は大学の屋根裏部屋で寝起きした。ある時、火災が発生し、部屋の荷物を取り出した。留学生の珍田捨己はユーモアを忘れることがなかったようで、アメリカ人の同僚が部屋から荷物を出せたかと心配して尋ねると、「燃えているストーブは熱くて持ち出せなかった」と答えたというエピソードがある。

　当時のアメリカの状況が津軽に伝えられた。詳細は、東奥義塾の機関誌『開文雑誌』第2号に書かれている。今では当たり前のことが、当時の留学生の目に奇妙に映ったことがよく描写されている。たとえば、「知るひとに逢えば頭を下るの禮、親しき人に逢えば手を握るの風ありて、最も親しき人に逢えば口を吻うの習あり」や西洋ベッドでは、二枚のシーツの間に寝るなど、当時の東奥義塾生が興味津々と読んだことが容易に想像できる。それは、あたかもイング夫人がアメリカ人に津軽の様子を伝えたことと対をなした。

　留学生の佐藤愛麿と珍田捨己は、後に外務省で活躍、駐米大使などの

要職を歴任した。佐藤は男爵、珍田は伯爵となった。さらに、珍田は侍従長として宮内庁に入り、昭和天皇の皇太子時代に仕えた。インディアナ・アズベリー大学では、彼らを「屋根裏部屋から宮中へ」と賞讃するランドマーク的な評価であった。川村敬三と那須泉は共に病のために帰国、川村は横浜到着の1週間後、那須は約1年半の東京師範学校奉職後にこの世を去った。

　明治初期の東奥義塾からの留学生の教育水準は驚くほど高く、東京大学前身校の国費派遣留学生に匹敵するものであった。しかも、東奥義塾の留学生は国費によらない、財政難の中の私費留学生であり、条件的には恵まれていなかった。それでも、東京大学で学んだ学生の水準に匹敵するものであり、津軽の偉大さを象徴した。

　以上、東奥義塾からの留学生を育てたのがイングの功績であった。ある時、イングに向かって、弘前は寒いし、金もないし、産業も興らないでいやなとこだと愚痴った人がいた。すると、イングがアメリカにボストンというところがあり、ものすごく寒いし、何もないところであったが、教育で地域を興したという話をしてあげた。ボストンには有名大学が多くある。ボストンを訪ねた人がボストンは何もないところだと嘆くと、道ばたで洗い物をしていた老婆が立ち上がり、寒くて何もないところだが学校がある。ここは、人を育てる場所だと言い返した。ボストンには人を育てる気運が道ばたの老婆にさえも見られた。弘前は、地理的にも気候的にも恵まれないが、「ここは、人を育てる場所になればよい」とイングが述べたという話で授業を締めくくった。

学生からのフィードバック
　〇東奥義塾の教師としてこの津軽の地にやってきたジョン・イングのおかげで、生徒たちの英語力が天皇も驚くものになったということを初めて知りました。弘前で学んでいるのに外国の大学で学んでいるような水準だということにはとても驚きました。また、海外留学

生もとても優秀で、留学先の大学のスピーチ大会で優勝したり、すばらしい成績で卒業したりと、いかに東奥義塾の教育水準が高かったのかということがよくわかりました。弘前には人を育てる学校があるのだということをとても誇りに思いました。(教育学部 女子学生)

○外国人教師マックレーは、アメリカで日本や弘前の事を紹介した本を出版し、日本の文化を広めようとしてくれた素晴らしい感謝すべき人物だと思った。また、ジョン・イング夫妻も、キリスト教布教のためだったかもしれないが、結果的には、英語教育に対する貢献は尊敬すべきものであった。(理工学部 女子学生)

○明治10年に5人の留学生がアメリカの大学に留学をした。その日本人学生は、試験が英語であるにもかかわらず、非常によい成績で試験を通過し、一学年のクラスに入学することができた。このようなことからも、明治初期の津軽の学力水準は非常に高いものであり、留学生が立証した明治初期の東奥義塾の教育水準は東大に匹敵するほどのものであった。(教育学部 女子学生)

備考
　本章は、授業中に配布された資料および北原先生のパワーポイントを参考にしてまとめた。

東京都立大学名誉教授　前島郁雄
XII　旧制弘前高校の歴史

> **講義概要**
>
> 　1920（大正9）年に、県民と弘前市民の強い要望によって官立弘前高等学校が設立された。全国に官公私立合わせて32校あった学校の一つであり、当時の学校制度の中で特異な位置を占めていた。北海道、東北、関東の各地を中心に全国から集まった生徒が弘前で過ごした3年間は、彼らの人生にとり掛け替えのない期間であった。1950（昭和25）年に、学制改革により閉校せざるを得なかった短い歴史の中で、卒業した者は4747名に過ぎない。教授と生徒の間に生まれた信頼関係、生徒間で培われた友情、市民との間に作られた親愛感は、卒業後も長く続いた。卒業生は、主に東北大、東大、京大などに学び、社会の各分野で活躍した。弘前を離れた後も長く母校とその後身の大学、さらに弘前の地を思い、この地に回帰し、津軽の歴史・文化・教育が守られていくことを願う。
> 　注記：(1)入学者の出身中学、(2)文科、理科の生徒数の時代別変遷、(3)進学先大学学部などの統計、ほか従来の資料にない統計をつくり提示したいと予定している。

授業から学んだこと

　前島先生は、旧制弘前高等学校（現在の弘前高等学校とは違う）で、今から60年前に3年間学んだ。当時の高等学校がどんなところで、現在の弘前大学にどのように繋がったかについて話された。前島先生は、「人間

XII 旧制弘前高校の歴史　109

アーカイヴス」のような方で多くの貴重な資料を保存して、昨年、弘前大学出版会から刊行された旧制弘前高等学校同窓会編『旧制弘前高等学校史』編纂に中心的な役割を果たされた。授業では、資料の一部をOHPで示しながら詳細な説明があった。

　前島先生が卒業したのは、昭和23（1948）年で敗戦後の日本が混沌とした時代であった。卒業後、東京の大学に進学し、その後、大学の教壇に立って50年間教鞭を取った。

　旧制高等学校跡地と現在の校舎を比較しながら説明があった。図面が小さいが以下の地図を参照にすると全体像がつかめる。

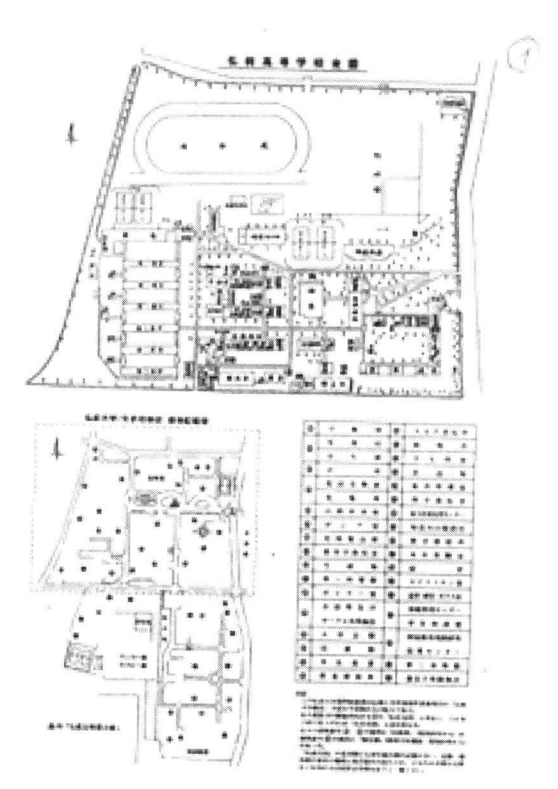

写真12-1　上 旧制弘前高等学校の敷地、左下 現在の校舎

「津軽学——歴史と文化」の授業が行われている総合教育棟は、旧制弘前高等学校の跡地ということになる。「旧制」の教養教育の跡地が「新制」の教養教育「21世紀教育」と重なる偶然に驚いた。前島先生が旧制高校時代、教科書やノートをかかえて右往左往した同じ場所の階上で21世紀教育の「津軽学——歴史と文化」のテーマ科目授業を受ける不思議な因縁であり、伝統・歴史が脈々と連なっていることを感じた。

新制大学に切り替わった後、旧制弘前高等学校の多くの教員が新制弘前大学における教養教育を担当した。

旧制高等学校とはどのようなもので、どの位の学校数が存在したかを、OHPおよび配布使用の以下の地図で詳しい説明があった。

写真12-2　旧制高校所在地

XII 旧制弘前高校の歴史　111

　写真12-2からも明らかなように、旧制弘前高校より北には、北海道も含めて旧制高等学校は存在しなかった。旧制弘前高等学校より南には、仙台の第二高等学校および山形高等学校だけであった。東北・北海道を合わせて3校しか高等学校はなかった。旧制弘前高等学校は1920（大正9）年に設置された。当時、旧制高等学校が設置されることは、その地方の「ステイタス・シンボル」に繋がった。青森にあった医学専門学校（1948年に弘前医科大学となる）が現在の弘前大学の医学部となり、さらに、青森にあった伝統ある師範学校（今年で130年になる）が教育学部となり、それらの3校が主な前身となって、弘前大学が1949年にスタートした。

　旧制高等学校は、全国で約30数校あり、その大半が国立で26校あった。私立もいくつかあった。たとえば、成城高校、成蹊高校、武蔵高校、甲南高校などで現在大学となっている。旧制弘前高等学校は、1920年に第16番目の高等学校として創立された。最初の高等学校は、1894年の東京の一高で、現在の東京大学の教養学部（駒場校）に当たる。その後、仙台の二高、京都の三高、金沢の四高、熊本の五高、岡山の六高、鹿児

写真12-3

島の七高、名古屋の八高と続いた。1から8は数字で呼んだことから、「ナンバー・スクール」と称された。その後の9番目からは「ネーム・スクール」として地名で呼ぶことになった。当時、日本を代表する大学は、北から、札幌の北海道帝国大学、仙台の東北帝国大学、東京の東京帝国大学、名古屋の名古屋帝国大学、京都の京都帝国大学、大阪の大阪帝国大学、福岡の九州帝国大学の7つであった。この帝国大学を受験するためには、旧制高等学校を卒業していなければならなかった。そのために、旧制高等学校への入学試験は厳しいもので「一浪」「二浪」は当たり前という時代であった。

　旧制弘前高等学校を卒業したものは、歴代を通算して「4747名」であった。興味あるエピソードも聞いた。たとえば、旧制高等学校を落第して卒業できなければ、帝国大学への入学試験に合格していても入学が認められなかった。

　弘前がどういうところであるか、客観的に評価をランキングした東京大学社会学名誉教授辻村明『地方都市の風格』（東京創元社、2001年）による「点数別都市名」（649頁）で紹介された。最近では、藤原正彦著『国家の品格』（新潮新書、2005年）が話題になり、「品格」が問われ、風格や品格がキーワードとなっている。何をもって「風格」があるとするかには3つの視点がある。1) 歴史的に城下町であったこと、2) 軍隊があったこと（弘前には師団がある）、そして3) 旧制高等学校があったことが、その町に教養ある階層を作り出すことに繋がったと評価し、それらを基盤とした点数評価したものである。10点以上の都市は51あり、そのうちで県庁所在地が34である。弘前は、点数では16点と高得点を獲得し、上位に位置づけられた。県庁所在地でなくて「風格」があると認められ、弘前よりも上位に選ばれたのは、「姫路」（18点）だけである。姫路には美しい白鷺城がある。次に16点を獲得したのが、弘前と松本である。姫路、弘前、松本には景観の美しい「城」がある。

　それだけではないように思われる。たとえば、武士のための教育機関

「藩校」もあった。姫路には、旧藩校としては兵庫県内で唯一現存する林田藩校「敬業館」がある。さらに、近くには、岡山藩主池田光政によって開設された世界最古の庶民学校・閑谷学校があり、藩士のための藩校「花畠教場」に続き、岡山藩立の学校として開かれた。地方の指導者を育成するために武士のみならず庶民の子弟も教育した。また、広く門戸を開き他藩の子弟も学ぶことができるなど教育熱心であった。松本には、有名な「旧開智学校」がある。これは、松本藩校「崇教館」の流れを汲むものである。弘前にも、津軽藩校「稽古館」を母体とした東奥義塾があって教育の「土壌」があったことも見逃せないのではないかと授業を聞いて思った。

　姫路、弘前、松本には、優れた旧制高等学校が存在したことは、前掲の「旧制高校 所在地」からも明らかである。

　旧制弘前高等学校の「卒業生の出身都道府県」のデータにもとづいて、当時の威風堂々とした生活ぶりも紹介された。昨今の大学生には想像もつかない「破天荒」な行動ぶりであったが、それが優れた人間形成にも繋がったというのも興味深いことである。当時、旧制弘前高等学校の合格者は、『東奥日報』の新聞で大きく報じられた。昭和21年に前島氏の合格を報じた新聞記事が紹介された。

　旧制弘前高等学校の卒業生といえば、誰もが「太宰治」を連想するが、弘前高等学校卒業生には優れた人が他にも多くいた。太宰治は文学的には傑出したが、全体として見れば4747分の1に過ぎなかった。

　旧制高等学校のカリキュラムについての説明があった。次頁**写真12-4**の表4と表5からも、文科学科と理科学科があり、甲類と乙類にわかれた。「甲」は、第一外国語が英語、第二外国語がドイツ語であった。これは必須科目で落第する人の大半はドイツ語であった。前島先生は理科甲類であったので数学・物理を中心に理系科目を学ぶと英語が第一、ドイツ語が第二外国語の必修であった。ドイツ語は「怖い」先生であった。たとえば、当時、学生は腰に「手ぬぐい」を下げていたが、この先生か

ら質問されると直立不動で答えたので、「怖さ」のあまり、「手ぬぐい」が揺れたほどであったと話された。前島先生のドイツ語は小島尚先生であった。この先生は怒ると教壇で飛び上がる癖があり、ドイツ語の先生であったにもかかわらず、あだ名は英語の「ジャンプ」であったというエピソードを聞いて学生が爆笑した。また、英語は久野眞吉先生であったが、どういうわけか、あだ名はドイツ語で「オンケル」(英語のアンクル)と呼ばれた。前島先生は几帳面で、当時、「ひげ文字」で書かれたドイ

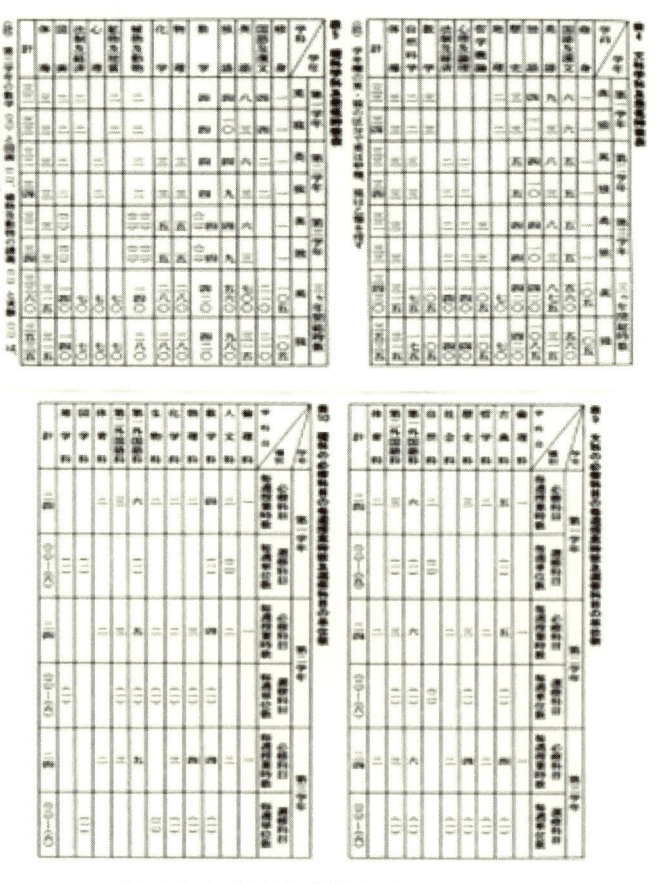

写真12-4　旧制高等学校のカリキュラム

ツ語のノートをコピーしたものを授業で紹介された。当時は、授業教材・機器が発達していない時代で教科書もなく、すべてがディクテーション（口述）によるもので一度教えた単語は二度と板書しないという厳しいものであった。聞き違えてノートに取ると、辞書を何度引いても出てこないので集中して授業を受けた。ドイツ語も英語も1週間に約4時間勉強した。

　授業は厳しく、「落第」するものも多かった。現在のように、「単位制」ではなく、「学年制」であったので一つでも科目を落とすと留年した。一つの学年を二回までは「落第」ができた。したがって、6年間在学できた。しかし、同じ学年を3回は落第すると「ガイセン」といって強制退学させられた。

　当時のカリキュラム内容を前掲写真12-4の表4と表5で見ると、外国

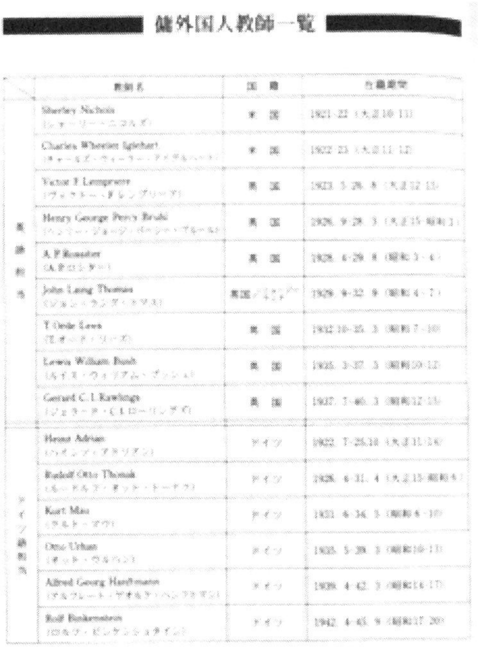

写真12-5　傭外国人教師一覧

語（英語およびドイツ語）の授業時間数が突出したことがわかり、旧制高等学校の教養教育の中心が語学であったことがわかる。その結果、多くの外国人教師がいた。彼らは外国人教師館に住んでいた。英語の教師が住んでいた住まいが、現在、キャンパス内に移築された外国人教師館である。詳しくは、前島氏の「弘高教壇に立った外国人教師像」（旧制弘前高等学校同窓会編『旧制弘前高等学校史』所収）および**写真12-5**「傭外国人教師一覧」を参照。

　興味あることは、英語担当の外国人教師が圧倒的に英国からであったことである。日本における英語が伝統的に米語ではなくて英語であったことがわかる。

　また、写真12-4の表9および表10からも、旧制高等学校では、「学年制」でありながら、「選修科目の単位数」という考えであった。これは、戦後日本の大学に導入されたアメリカの「単位制」とは基本的に異なるもので、毎週の授業時間数を意味した。このような考え方が新しい「単位制」という考えに混乱を与え、授業のみで単位が取れると考える現在の習慣に繋がったのではないかと授業を聞きながら思った。いずれにしても、学年制であったので学生たちが同じ科目を履修して互いに切磋琢磨できた。

　旧制弘前高校の学生像の興味深い話しも聞けた。当時、多くの弘前市民が弘高生を温かく見守り、「末は博士か大臣か」ではないが将来を期待されて支援してくれた。「弘高あっての弘前、弘前あっての弘高」という印象を強くした。当時の旧制弘前高等学校の学生生活を詳しく知りたい学生は、映画『弘高青春物語』を是非観てもらいたい。このビデオは、附属図書館の「津軽学コーナー」で観ることができる。

　前島先生は、弘前に戻ることを「ホームカミング（帰郷）」の熱い思いがあると語った。また、中国哲学が専門の初代校長・秋田實が同窓会に宛てた「発刊の辞」が紹介された。難しい漢字で書かれて読み解くのが大変であるが、その中で、「三年の歳月身を此間に措きて朝夕岩木の霊

峰を仰ぎて想を練り、風雪の夜に書を寒窓に講したる、卒業の後誰か之を忘するべき」との一節は、旧制弘前高等学校の卒業生がいつまでも弘前を忘れてはならいことに繋がると説明され、感銘深い言葉であった。

最後に、半世紀におよぶ教授歴から、「教育とは何か」という含蓄に富んだ話も聞けた。教師たるものは、やたらに叱るだけでは駄目である。その人の良さを早く見つけ、引き出してあげることが大切である。すべてに秀でる人などいない。この教訓は、教職を目指す学生が多く履修していたので参考になるところが多かったと思われる。「時代が変わっても、教育の本質はどこにあるかといえば、先生と生徒の真剣勝負にある」、そして「学生同士の切磋琢磨にある」ということが重要であり、これがなくして教育は存在しないと啓発された。

学生からの質問に応えて、学生時代は「よく学び、よく遊べ」で人間性の幅を広げるべきと諭された。子どもは、無限の可能性をもっているので寛容な精神を培うことが大切である。旧制高等学校時代に「麻雀」を通して「てつまん」ということを覚えたが、その経験から勉強でも「徹夜」ができることを知ったことは、「人生最大のプラス」であったと話された。しかし、大学に入ってからは、一度も麻雀をすることはなかったそうである。

前島先生の講義に対して、そして、弘前大学への「ホームカミング」を祝して全員が拍手で感謝の意を表した。

学生からのフィードバック

○現在の大学の中の30数校は旧制高校だった。旧制高校を卒業したら、全国に7つある帝国大学を受験できるため、競争率がすごかった。旧制弘前高校は16番目にできた。入学しても卒業できないくらい大変。教授と生徒の間に生まれた信頼関係、生徒間で培われた友情、市民との間に作られた親愛感は、卒業後も長く続いた。北海道、東北、関東の各地を中心に全国から集まった友人達の切磋琢磨

することで人生における大切な時間を過ごした。弘前の熱い思い。
（教育学部　女子学生）
○全国に約30しかない旧制高校は、7つの帝国大をうける権利がある。しかし、帝国大に合格していながらも高校を卒業できなければ、合格はとりけしになってしまう。また、旧制高校の授業はとても厳しく、今の時代では考えられない。「太宰治が旧制弘前高校に通っていたことは有名だが、太宰は卒業生4747人のうちの1人でしかない」と前島氏は語る。太宰は作家として花開いたが、それ以外の分野で活躍した人はたくさんいる。個性と才能あふれる旧制弘前高校生だった彼らは、わずか3年間の思い出を胸に、今でも5年に1度ここ弘前にやってくる。「Home Coming Day」よき友だち、忘れない恩師たち、支えてくれた街の人たちに会いに。（人文学部　女子学生）
○旧制弘前高校の卒業生である前島さんの体験談から、当時の授業や寮生活、学生同士のつながりを知ることができた。何よりも印象的だったのは教師と学生の関係である。前島さんは、厳しかったとおっしゃっていたが、それも学生のことを思ってのことであり、学生を家に招いたりと優しい面もあったそうだ。懸命に学んだ者と懸命に教えた者同士であるからこそ、良い関係を築けることができたのだろうと感じた。（人文学部　女子学生）
○旧制弘前高校は1920（大正9）年に生まれた16番目のネーム・スクールである。青森はもちろん、東北、北海道、東京からも生徒が集まってきた。授業は難しく先生も厳しかった。毎日が生徒と先生の真剣勝負であり、生徒どうしの切磋琢磨の場であった。そんな中で生徒は互いに絆を深め、弘前市民ともつながりを深めていったのであった。この関係は50年以上たった現在でも続いている。（人文学部　女子学生）
○1920（大正9）年、官立弘前高等学校設立。北海道や東北を中心として、全国各地から様々な生徒が弘前高等学校に集まった。先生のドイツ

語のノートや当時の話の様子から勉学にはかなりの努力が必要だったようだ。しかし、勉学一筋という生徒だけでなく、人のために自身の身を犠牲にしてまで行動する生徒が多くいたという話を聞いて感動をした。私も4年間の大学生活で多くのことに挑戦し、自分の力を最大限に伸ばしていきたい。(農学生命科学部 女子学生)

受講を終えて

1)「ラーニング・ポートフォリオ（学習実践記録）」(2006年度)

　「はじめに」のところで述べたように、授業を通してどのように学んだか、あるいは授業の達成目標をどのように到達できたといえるか、学生自身が授業を省察した「ラーニング・ポートフォリオ」は、15回の授業をアセスメントするうえで最適な方法である。日本の大学では、教員が「序論から結論まで」の教え、学生は筆記するだけというのが現状である。これでは、学生が何をどのように学んだのかを知ることはできない。

　最終試験では、以下のような課題を出して学生自身に学習プロセスを省察させた。

　　課題：「『講義メモ』を読み返し、『津軽学』でどのようなことを学んだか『(ラーニング) ポートフォリオ』(学習実践記録) としてまとめてください。」

ラーニング・ポートフォリオ
　〇津軽の歴史や芸術や言語をさまざまなかたちで触れる事ができた。伝統とは何なのか。津軽の価値とは何なのか。津軽が誇れるものとは何なのか。……津軽の魅力が一杯つまった講義でまだまだ伝わりきらない事はたくさんあるが、津軽を知るという充実感は得ることが出来たのは確かである。特に、寺山修司の講義では、彼のつくる

文体の魅力にひかれていただけの自分が、知らない寺山修司像に触れることができた。これにより、改めて、彼の詩や短歌を読むことでまた違った新鮮さや深みを得ることが出来た。ただ一つ心残りなのが、太宰治である。太宰の知られざる姿が講義できけたのにもかかわらず、太宰の作品を読む事ができなかったのである。太宰の作品は夏休みにでも、津軽学の講義を思い出しながらじっくり読んでみようと思う。また、太宰だけではなく、石坂洋次郎や長部日出雄、といった作家陣もいる。津軽を代表する人物達が書き残した書物は大きな山である。これらの作品の山を一つ一つ探っていくことも、津軽を知ることとなる。

　同時期に、北原かな子先生の「雪国の風土と文化」という津軽の講義を受講していたため、津軽の歴史や奇異性特異性をまのあたりにし、津軽の風土が人を育てていった事がよくわかった。この講義で登場した津軽人たちも、津軽という風土のもとで育ち、先人たちが培ってきた文化に影響をうけ、育ったのだ。そして、彼らもまた津軽の文化を継承し、新たなものを生み出していくのだ。（人文学部女子学生）

○私は、この津軽学の授業を受けて、伝統を守るために必要なことを知ることが出来た。特に実感した授業はねぷた絵の歴史、津軽三味線の歴史と実演、津軽塗の文化と歴史についての講義である。ねぷた絵の授業では、絵を書く際の「けつ・ばん・こく」のお話しや、伝統文化を教わるということは後世へと伝える義務があるという八嶋さんの強い気持ちを感じた。津軽三味線の授業では、実際に演奏を聞いたことで、先生の説明した演奏の種類が体験として心に残った。音のとり方など、津軽三味線にはまだわからないことがあるので、津軽にいる間に是非一度弾いてみたいと思う。そして、津軽塗の文化と歴史の授業では、津軽塗に対する意識が変わった。今まで昔からある古い物という印象を持っていたが、実際に手に取りその色彩

の美しさにとても驚いた。加工によって模様も色も様々で見ているだけで楽しい。磨けば磨くだけ綺麗になっていく津軽塗の体験は、満足感がある。忘れられない体験になったと思う。これらの授業で私が強く感じたのは、伝統を守っていくためには、古来の物、文化、風土を忘れず大切にしていくのと同時に新しい良いものを積極的に取り入れ、変化し続けなければいけないということである。

　また、私は津軽学を受けて、津軽の文学のすごさを知った。太宰治、石坂洋次郎、寺山修司という有名な作家だけでなく、津軽方言詩の一戸謙三や現在も活躍している長部日出雄、鎌田慧、三浦雅士など、多くの作家を生み出している。津軽学を受けなければ関心を持つこともなかったかもしれない、多くの津軽の作家の本を、これからこの津軽の地で読んで行こうと思う。

　津軽学を学んだことで、この地に暮らす姿勢が変化し、もっと色々なものを見つけていこうと感じることが出来た。(人文学部　女子学生)
○津軽は、誇れる所だ。何もない田舎だと恥じるような所ではない！というのが、全体を通して学んだことである。私は今までの人生で、弘前に一番長く住んでいる。弘前は夜になると駅前ですら真っ暗、土手町は日中でもシャッター街だし、交通の便も悪い。(特に私の住む所は)だけど春には美しい桜があるし、夏にはねぷたもある。秋には菊まつり、紅葉まつりがあるし、冬には雪も楽しめる。「田舎だけど平和で素敵な所ではないか」というのが心の支えというか、私の自負する弘前であった。それが授業を通してみるとどうだろう。弘前はねぷたと桜とりんごだけなんて言えなくなった。三味線も津軽塗も方言も文学者も建築も、……いろいろあることに気付いた。しかもそれぞれの先生は、それについて本当にイキイキと話している。弘前は立派な町なんだ、弘前を恥じるような自分を恥ずべきなんじゃないかと思い直すことができた。でもどうして弘前はあまり目覚ましい発展をしないのだろう。そう考えた時、津軽塗の時に言っ

ていた「伝統」について思い出した。「伝統」は残す所は残し、あとは変わっていくもの、だからこそ続くものである。私みたいにただ嘆く人は多くても、「これを守っていこう」「これを変えていこう」と声をあげて動いている人はどれだけいるだろう。……あまりいないのではなか。「ねぷた」や「桜」のように、他からもてはやされるような所には力を入れていて（それはもちろん良いことだが）他にはあまり目を向けていないのではないか。大切なのは自分で動いてみる力だと思う。授業を通して得た津軽に対しての誇りを忘れず、堂々と弘前を変えていく力をつけたいと感じた。どう変えていこう、どうやって動こうなんてことはまだ何も考えていないが、何年経ってもこの考え方を忘れずにいこうと思う。（教育学部　女子学生）

○津軽学を通して学んだことは、当然のことではあるが、全てが津軽の風土や地域の人々に深く関わっているということである。ねぷたや津軽三味線、津軽塗などは津軽で生まれ、人々に愛されてきたものであるが、太宰治や寺山修司、その他の文学者の作品にも津軽が描かれているということは、津軽で生まれ育った者にとって、それだけ、津軽という郷土は親しみ、愛する価値があるということだと思う。津軽学を受け、津軽の伝統や文化、そして歴史など様々な方向から津軽を見てきたが、それでは津軽とは一体どういうものなのかと考えると、はっきりした答えを導き出すことはできない。しかし、ねぷたや、方言詩、文学作品、旧制弘前高校の歴史など講義で扱った全てのものが、一つ一つ弘前であり、津軽である。あるものが「津軽だからこういう様式なのだ」とか「津軽だからこういう歴史なのだ」という考えはふさわしくない。一つ一つのものをよく観察し、余計な先入観なしで感じ取り、体験することを最もよく学ぶことが出来たのではないだろうか。津軽の歴史と文化にはそれを伝えていく人々のつながりが大切である。今までもそうした人と人とのつながりがあったからこそ、今の津軽がある。八嶋さんが、ねぷ

た絵の講義で言っていた、心を次の世代に伝えること、そして伝統は守られ伝えることに意味があること。これはまさに津軽における全てのことに当てはめることが出来ると思う。(教育学部 女子学生)
○津軽学ではねぷた絵師、作家、津軽塗職人の方々の熱い想いがあることを学びました。そして日々開発・発展のために努力していることを知りました。ねぷた絵だったら、作品制作の過程でどうしたら絵に影響なく進められるか、見てくれる人に思いを伝え感動してくれるにはどうしたらよいか、などを日々考えていて、また、ねぷた絵を伝承として残していくために門下生を育てなければならないなどどうしたら続いていくか様々な思いがこめられていることを学びました。文学作品を書いた作家の人柄や生活についても学ぶことができ、読む際にはそのことを考えながら読むとより一層熟読できると思いました。そして生活背景など作品に多く影響していることも知りました。津軽方言詩では意味が分からなくても、津軽弁の響き、ぬくもりを感じることができ、その大切さも学びました。世界にも英訳され発信されていると知り、将来にも残り語り継がれていけばよいと思います。

　旧制弘前高等学校の卒業生の話も聞け、生徒と市民のつながりの大切さを学ぶことができ、そこから弘前(弘前に限らず地元)を愛するきっかけとなることも分かりました。学校生活の体験を話して頂、生徒先生の関係、友人との関係についても学ぶことがあり、今後教師となる私にとって活かせる材料となりました。津軽塗の講義では、どんな変化をとげて現在の津軽塗に至っているか、塗の種類、艶の出し方、よい品の見分け方を学ぶことができました。伝統は変化していくもので、取り入れ、捨てて、そうした中で伝承され、なくならないようにしていることを知りました。実習では身をもって大変さ、完成したときの気持ちを学びとりました。

　津軽学ではどこにも書いてないことを聞くことができおもしろ

かったです。ねぷた絵の「けつ・ばん・こく」や旧制弘前高校の裏話などです。津軽が好きだからこそ、ねぷた絵、津軽三味線、建築、文学作品、津軽塗などの作品をつくっていけるのではないかと思いました。職人本人に出会ったり、作品紹介をされると興味がわくことも学びました。実際にねぷた絵のできたきっかけ、「ねぷた」という語源を調べわかりましたし、作品も読んでみたいと思いました。なにかに出会うことの大切さを学びました。(教育学部 女子学生)

○「津軽学」で学んだことは、まず、伝統についてである。ねぷた、三味線、津軽塗など、それらは変化しながらも現在まで脈々と受け継がれている。それは力を持っているということなのだ。伝統を伝えていく上で重要なことは、古いものを残しつつ新しいことを発展させることである。伝統は生きものなので、変化して当然なのだ。次に、津軽は文学の地であるということだ。太宰治、石坂洋次郎、寺山修司など、津軽は日本を代表する文学者を生んだ。彼らにとって津軽がどのような存在だったのか、それは彼らの作品から感じることができる。寺山に「もしかしたら私は憎むほど故郷を愛しているのかもしれない」と言わしめる程、津軽は彼に強い影響を与えた。「津軽学」の授業を通して、津軽の素晴らしさがよくわかった。だが、結局、津軽の魅力は何から発せられるのだろう。伝統を伝い継がせ、文学に影響を与える津軽の力とは一体何なのだろうか。それは津軽に生まれ育った私にはわからないのかもしれない。津軽を出て、外側から眺めて初めて気づくことができるのだろう。残念なことではあるが、これから先、津軽に生まれたということを誇りに生きていると思う。(教育学部 女子学生)

○私が津軽学で学んだことは多くある。弘前ねぷたがどのように作られ、そしてどのように愛されてきたのか。津軽三味線のダイナミックな演奏。外国人教師館などの洋風建築が弘前には残るべくして残されたこと。石坂洋次郎、太宰治といった有名すぎる作家の他にも、

「北の文学連峰」と呼ばれる素晴らしい作家たちを生みだした津軽の豊かな風土。あの斬新奇抜と言われた寺山修司に影響を与えているのも、この津軽であった。

　津軽といえばやはり津軽弁である。しかし、津軽の方言がこんなにも美しいことを私は今まで知らなかった。この弘前大学についても旧制弘前高校を引き継いだ伝統ある学校で、当時から地域の人々に愛されていたことを知った。弘前藩という「北狄の押さえ」としての誇りも、この授業で感じることができた。「伝統、伝統」と口では言っていたが、「伝統」の本当の意味を知ったのも、この津軽学の津軽塗の授業である。

　以上のように、私はこの津軽学で様々な事を学んだ。しかし、この授業で学んだ一番大切な事は「他地域の文化」をどのように受け入れるかということである。北海道から来た私にとって津軽の文化は他文化であった。しかし、今はこの津軽の文化を完全に受け入れている。きっとこの先、他地域の文化に出会うことがあっても、私はきっとその文化と上手に付き合うことができるだろう。私はこの授業でそれを学んだのだから。（人文学部　女子学生）

○「津軽学」の講義において、津軽というものの大きさを感じた。多方面からの見方によって、「津軽」の印象も変化していった。津軽というものをこれだと決定づけるのではなく、さらに広い範囲で津軽を感じとれたと思う。

　津軽学で学んだものは歴史や文化のみではなかった。その歴史や文化に関わってきた人々の精神は共感したり、時には見習いたいものばかりだ。私自身の心に重く響いたものとして、ねぷた絵師である八嶋さんの責任感、旧制弘前高校の歴史について話して下さった前島さんの教師としてのあり方や、学生生活。津軽方言詩は、響きで感じられる言葉の一つ一つに、過去から現在までの津軽の暖かさ、厳しさ、そして強さもこめられていると思う。変化するということ

は当たり前のことだけど、その変化をどのように受けとめて、これからにつなげていくのか。「伝統」は津軽にとってとてもぴったりな言葉なのではないかと、15回の講義を受けて感じた。津軽には15回分それぞれの歴史・文化があった。私が知らないこともあったし、少し触れている部分でもさらに深く見つけ直すことができる。津軽の歴史や文化はつきつめればつきつめるほどさらに広がるものだ。何かを定義づけることはとても難しいことであると、津軽塗の講義で感じたが、15回を終えてみて、津軽とは何かと定義づけることはできない。また、この15回の他にも津軽というものはたくさんの顔を持っているようにも思える。それら全部を集めて津軽になるのだと思うし、そこが津軽の魅力の一つではないか。（農学生命科学部　女子学生）

○今振り返ってみると、「津軽学」で様々な文化について学んだと思う。最も印象的だったのは、本物のねぷた絵を間近で見ることができた時だ。あの迫力のある筆使いに八嶋先生の絵に対する情熱がひしひしと伝わってきた。昨年の夏にもねぷたを見に行ったが、今年は「津軽学」を受けたことで昨年とは違った味わい方が出来るのではないかなと思う。額の"Z"を探して八嶋先生のことを思い出したい。私は「津軽学」を受ける前と受け終わった後とで少し自分に変化が起こった気がする。弘前大学に入学して、初めて津軽の地に触れることになった時は何の知識もなかった。大学生活を送っていく中でねぷたや旧制弘前高校のことを知ったりしたが、特に深く知ろうともしていなかった。しかし、「津軽学」を受けて津軽の文化には一言では表現できない奥深さがあるなと感じた。大学生活4年間を津軽で送ることができることを誇りに思って充実した大学生活を送りたいと思う。また、15回の講義の中で「伝統」という言葉が何回か出てきた。文化について語られるときによく出てくるおなじみの言葉だ。しかし、伝統を次世代に伝えていくことの大変さ、重要さを改

めて学んだ気がする。ねぷた絵師の八嶋先生は伝統を守るためには「心を育て、その心を次世代の人に伝えていく」ことが必要だと言い、津軽塗の講義では伝統が継続されていくためには「変化していくことも重要」だと言っていた。また、津軽三味線の場合では「風土に根ざした演奏スタイルを大切にしていく」ことが必要だと言われた。やはり、伝統を守っていくためには、古い技術と新しい技術との融合バランスが重要なのではないだろうか。この考え方は津軽の文化だけでなく、他の地域の文化にも通用することだと思う。私は大学生活のうちに津軽の文化をたくさん味わって、そして地元に帰ったときは地元ならではの良い文化を探してそれが継続されていくにはどうしたらよいのか考えてみたいと思う。(農学生命科学部 女子学生)
○津軽人でありながら津軽について知らないことが実に多いことを改めて感じた。最初の2コマのねぷたでは、同じ岩木町出身の絵師八嶋さんから歴史や制作について学んだが、何よりねぷた絵を描く八嶋さんの姿勢と心を知り、感動した。津軽三味線の生演奏では、津軽の土地で独自に変化したという激しさと哀愁をあわせ持ったメロディーやリズムの中に、津軽人の心を感じた。石坂洋次郎、太宰治、寺山修司、長部日出雄、鎌田慧……と、多くの優れた作家、文学者、ジャーナリスト。このような人々が津軽から輩出され、全国的に活躍していることに、これまで私は無頓着で、あまり興味を持っていなかったが、作品の素晴らしさや人間的魅力を講義を通して知ることができた。津軽方言詩の作品朗読には、強くその世界に引き込まれ涙してしまった。私たちと同じ場所で青春を過ごした旧制弘高生の生活……。毎週新しい発見と感動があった。そして、この講義によって私は、地元津軽に今まで以上に誇りを持ち、より津軽が好きになった。もっと津軽や津軽人を知りたいと思うし、この土地が育んできた津軽の心を大切にしていきたい。文化や伝統が廃れることなく、これからも多くの人に愛される津軽となるよう、私も故郷に

恩を返していきたいな、と思う。(理工学部 女子学生)
○津軽学を通して、津軽の歴史と文化は今に生きているということがわかった。また、新しく知ったことがたくさんある。たとえば、ねぷた絵には名前があるということ(鏡絵、見送り絵)や、津軽塗は、艶の出し方には一つ一つ丁寧な行程を経てできること、現在活躍中の文学者は、津軽の文化、東北の風土が生み出したということなどである。津軽に住んで3年目であるが、津軽学を通して、本当の意味で津軽を体全体で感じることができたと思う。また、このような文化は伝承していく必要があるということである。私たち若者はこのような伝統文化から離れがちであるが、津軽の文化を後生に伝承していくことは日本の伝統文化を残していくことであると思うから、とても重要であると思う。そして、「学生参加型」の授業はとても大切だということを学んだ。日本の授業はほとんどが講義形式で、先生から生徒への一方通行のみしかない。しかし、津軽学のような学生参加型の授業はとても良いと思う。学生側からみてとても楽しかったし、津軽のことをもっと知りたいとも思えた。津軽学を通して、東北の風土やさまざまな偉人が津軽の歴史と文化を生み出したということを学ぶことができた。(教育学部 女子学生)

感想文

○北海道からこの津軽の地に住み始めて1年半の月日が経ちました。最初の1年間は大学に慣れることに忙しく、この地域の文化に目を向けることは少なかったのですが、この半年間は津軽学の授業を受けていることもあり、授業以外でも津軽の様々な文化に触れる機会が多かったです。津軽学を受けようと思った動機は「せっかく青森に住んでいるのだから、北海道とはどこが違うのか少しは知っておくのも悪くないだろう」という安易なものでした。しかし、授業を受けるたびに津軽の文化、文学、歴史の素晴らしさを学び、その魅

写真　津軽塗を仕上げて喜ぶ学生たち

力に引き込まれていったのです。津軽には北海道とはまた違った素晴らしい部分があり、地域の人々も本当に津軽という土地を愛しているのだなと感じました。授業でとりあげられた太宰治の『津軽』を読み、感銘を受けました。太宰の足跡を追うために五所川原、金木町の斜陽館にも行きました。太宰がこの津軽を憎みきれず、やはり愛してしまう理由が私にも少しわかったような気がします。この津軽の地を離れ、また別の地に住むことになっても、またその土地の良い所を発見できそうです。私は津軽学でそのことを学びました。
（人文学部　女子学生）

○私は今津軽学の講義を終えて感じているのは、津軽学という授業を受けてよかったということだ。振り返ってみると、様々な文化について学んだなと思う。ねぷた絵や三味線、津軽の文学者、そして津軽塗など……。それぞれにおもしろさがあったが、最も感動したのは本物のねぷた絵を間近で見ることができたことだ。あの迫力のあ

る筆使い、色使いに圧倒された。あの時の感動はずっと忘れないようにしたいなと思う。私は津軽学を受ける前と後で自分の中の何かが変わったような気がする。私は大学入学をきっかけに初めて青森に来て、津軽地方で暮らし始めた。大学生活を送っているうちに、自然とねぷた祭のことや津軽三味線のこと、旧制弘前高校のことが身に入ってきて、津軽の文化についてちょっとわかったような気がしていた。しかし、津軽学を受けて、津軽には様々な文化があり、「津軽の文化は○○だ」と一言では語れないと思った。昨年の夏、ねぷたを初めて見たのだが、今年は津軽学を受けたことで、違った味わい方ができそうな気がしてすごく楽しみだ。私にはまだまだ津軽についてわかっていない部分がたくさんあると思う。でも、津軽学を受けたことで弘前で送る4年間の大学生活がもっと充実したものになっていくような気がする。また自分でも弘前で過ごす時間を大切にしていきたいと思う。そして地元に帰ったときは、地元の文化を大切にしていきたい。（農学生命科学部　女子学生）

○今回この津軽学では、津軽を歴史・文学・伝統工芸・民俗芸能など、多方面からアプローチすることができ、今まで見えなかった部分や津軽の根底にあるものを垣間見ることができた。私は津軽で生まれ育ったにも関わらず、しっかりと津軽と向き合ったことがなかった。津軽の文化は、私達の日常に組み込まれていて、客観性を持って見ることを忘れていたのである。例えば、ねぷたは津軽の夏の風物詩であり、その技法や歴史まで深く考えたことがなかった。だが、八嶋さんのお話しをうかがい、数日間の本番のために、様々な行程を経てねぷた絵が描かれていること、ねぷたに対する熱い想いを知った。また、今まではあまり本を読むという習慣がなかったのだが、太宰治の『津軽』をはじめ、津軽学をきっかけに本を読むようになった。津軽学では、津軽に関する講義の内容を学べただけではなく、視野を広くもてるようにもなった気がする。各回の話を自分なりに

振り返ってみたところ、それらはどこか同じ所へ通じているように感じた。ねぷたや津軽塗など長年受け継がれてきたものは、昔から何も変わらずに継承されてきたのではなく、新しいものも取り入れ、変化を加えながら今日に至っている。高木恭造の津軽方言詩も文学に新しい風を吹かせた。そういうことから、ここ津軽とは歴史ある伝統と新しいものとがうまく融合する場所であり、そして津軽の人々は、その融合を受け入れた、という事実が見えてきた。(人文学部　女子学生)

○実際に、授業では様々な津軽の魅力に出会うことができた。オムニバス形式であるだけに、先生が違えば、授業の内容も形態も、そこから見える津軽の見方も違って、とても刺激的であり、面白かった。(抜粋)(人文学部　女子学生)

○私の友人でも「津軽学」に興味がありながら、卒業単位として認められないことが原因で、忙しさから受講しなかった人が何人かいるので、そこを考慮して頂ければもっと参加者も増えると思う。(抜粋)(理工学部　女子学生)

○津軽学を受けて、今期私が受けていた21世紀科目の中で一番内容が充実していたのではないかと思える程、いい経験ができたと思う。津軽学がなぜ特設科目なのか不思議に思った。津軽学を開設して下さった土持先生と、貴重な話をして下さった沢山の講師の方々に感謝したい。(抜粋)(教育学部　女子学生)

2)「ラーニング・ポートフォリオ（学習実践記録）」(2007年度)

ラーニング・ポートフォリオ

○この津軽学の講義を通して学んだ一番のことは津軽の伝統・文化・人柄・歴史の奥深さや味わい、受け継がれる不変の美しさと風土精神、反対に時代によって変化する津軽人の知恵と工夫である。ねぷた絵・津軽三味線・津軽塗では、津軽の芸術を直に見て、触れ体感した。ねぷた絵は、江戸時代のものと現在のものでは絵の雰囲気も多少異なり、絵師によってその様子が違う。津軽三味線は、仁太坊から始まり、邪道三味線でありながらも現在ではジャズの大会にも招かれるなど時代によって捉えられ方も変わり進化し続けている。津軽塗も、昔は秘伝の技術として伝えられ、様々な技術が合わされて現在の津軽塗が出来た。このように、伝統の芸術にも、決して変わらない部分と、変化し、進化していく部分が存在することを学んだ。又、津軽が輩出した偉人たちは、皆それぞれに風土精神を持っていると思う。一見そうは見えなくても、彼らの作品、生き方などから、津軽地方にいたからこそ影響を受けた部分を感じ取ることができた。石坂洋次郎は、太宰治とは対照的な作品を描いている。だが、彼らはそれぞれ影響を受け、作品を残している。太宰治は生家津島家から圧力を受けつつも、生家のことをモデルにして作品を残したりと、自分の生い立ち、環境から大きな影響を受けている。寺山修司はとてもマルチな才能を持ち、コンクールなどで多くの賞を受賞し成り上がっていく。何も持っていない状況からでも才能を発揮し、かけあがっていく所は、津軽のじょっぱり精神が影響していると感じた。また、彼らは津軽から多くの影響を受けつつ、自分たちも後輩や津軽という土地に大きな影響を与えていたと考える。その代表が、長部日出雄、鎌田慧、三浦雅士らの現在活躍中の文学者たちである。そして、彼ら全てを育んできた地こそ、この津軽地方である。

津軽藩は、多くの家系図を持ち、自己認識を繰り返し行ったことが伺える。そんな中、弘前藩でも軍事都市から最終的には学都になるなど、アイデンティティーを追求しながら現在に繋がってきたのだと学ぶことができた。又、アーサー・マックレー氏など、外国人教師の働きにより、西洋文化を多く受容し、逆に多くを外国へと発信し、交流が行われていたのだと考える。当時の学生は、英語力などは全国でもトップクラスで、旧制弘前高校も全国から優秀な生徒が集まる難関校であった。講師の先生がおっしゃっていたように、この弘前という地は誇りに思う素晴らしい地だ。この津軽学で弘前市、津軽という地、弘前大学をもっと知りたい、ここで学んでいきたいと思う心を養うことが出来たと考える。このように、津軽学で、津軽の歴史だけでなく、様々な面から津軽について学んだ。(教育学部、女子学生)

○私は津軽学の授業で、津軽の様々な歴史や文化を学ぶことができた。そして、それらを学んでいく中で、今までは知らなかった津軽に関するたくさんのことを知ることが出き、ますます津軽が好きになった。津軽学の授業を受けて私はたくさんのことを学んだのだが、その1つ目として、津軽塗について学んだことがあげられる。津軽塗の実習で、津軽塗について興味を持った私は、弘前大学附属図書館の津軽学のコーナーへ行き、『あっぱれ！ 津軽塗』という佐藤武司先生が書かれた本を読んだ。その本には津軽塗の歴史等がわかりやすく書かれており、とても楽しみながら津軽塗について学ぶことができた。また弘前にある津軽塗でできている器などが売られているお店にも行き、実際に見て来た。すると、色や斑点様子などの違いが本などで見るよりもとてもわかりやすくて、その美しさについ見とれてしまった。今度また機会があったら津軽塗を実際に体験したいと思った。私が津軽学の授業で学んだことの2つ目として、太宰治の表現技法があげられる。相馬先生の授業の中で、太宰治の文学

表現として「二項対立」や「否定的言辞の駆使」などがあることを知った。そして私は講義メモにも書いたように、太宰治の表現技法や人生を知った今、もう一度『人間失格』を読むとまた違った味わい方があるのではないかと思い、弘前大学附属図書館へ行き、もう一度『人間失格』を借りて、読んでみた。すると、やはり思っていたように前読んだ時と味わい方が全く違った。二項対立がわかったり、心中の場面が私生活と関連付いていると知ることができ、本の内容だけではなく、この本を書いた時の太宰治の心境なども一緒に考えながら読むと、とても面白くて、寝るのも忘れて本を読むのに熱中してしまった。でも2回読んだだけでは気付かない太宰の気持ちや表現技法などが、『人間失格』の中にはまだまだ隠されていそうなので、私も相馬先生にまけないくらい本を読み、太宰について詳しくなろうと思った。この他にも私は、津軽学の中でたくさん心に響いたものがあり、心の中にたくさんの宝物ができた。この宝物を一生の宝物として、後輩などに伝え、津軽の歴史や文化を継承する手助けができたら良いと思った。（教育学部　女子学生）

○津軽学で私が学んだことは、津軽の歴史の深さや津軽に関する知識はもちろんのこと、学生として大事なことや経験が人生や作品に反映されること、国を越えた交流から素晴らしい人間性を学ぶことができた。いくつかの例を挙げると、「津軽三味線の歴史と実演」では、生の津軽三味線を音で聞き、初めて聞いたわけではなかったが、歴史についての話を聞いた後だったというのもあるかもしれないが、鳥肌が立った。文化と文化が接触して変化し新しいものが生まれるという、ジャズや三味線に共通する文化という形の無いものの創造はとても不思議な感覚だった。「津軽方言詩」では、津軽に生まれてから20年余住んでいる私でもわからない津軽弁が出てきて、それの意味を想像しながら読む詩はとても面白かった。声を出して読みたいと思った。「近代津軽の西洋文化受容」では、当時の学生の

学習に対する姿勢は、今の自分や学生にとって足りない部分であり、尊敬すると同時に見習わなければならないと思った。また日本に来た外国人教師らの功績も賞讃すべきものであったと思う。時代が違うから、留学に対して国や学校の名誉を背負うという点は難しいと思うが、時代に関係なく学べる点は、当時の学生にも外国人教師にもあるので、この講義では人間として、学生として、多くのことを学んだ。全ての講義を終え、今思うことは、とても楽しかったという事である。知識を得るためだけの授業や講義は多くあるが、人として大きくなれるきっかけになった授業は初めてだ。この講義に出会えて本当に良かったと思うし、とても大事なことも学べた。週1回ではあったが、とても有意義な半年間になった。（理工学部　女子学生）
〇講義を受ける前の私は、津軽で生まれ育ったにも関わらず、津軽の歴史や文化をよく知らなかった。特に津軽出身の作家については名前くらいしか知識がなかった。そんな私にとって津軽学は、身近なはずの文化に一から触れることのできる魅力的なものだった。実習や実演、講義等授業の形式はさまざまであったが、自分自身が積極的に文化に触れ、目や耳や肌で感じることができたという点で評価するならば、「ねぷた」と「津軽方言詩」の講義を挙げる。ねぷたに関する講義は、津軽学の中で最も印象的だった。講師の方の話しぶりから熱意を感じとることができて非常に充実した時間を過ごすことができた。実際にねぷた絵に触れたときには、これが夏のねぷた祭であんなにきれいに輝くのだろうと想像してわくわくした。津軽方言詩に関する講義では、中学の頃に国語の授業でとりあげられていた詩が登場したこともあり、一気に津軽弁の世界に引き込まれた。私は、「津軽弁は汚い言葉なのではないか」という考えをもっていたが、講師の方の朗読を聞いてその考えがなくなった。私も津軽弁を好きになりたいと心を動かされた。津軽学のすべての講義を終えて今思うことは、どの土地にもそれぞれの文化が息づいている、そ

れを見直すべきだということだ。現代では、文化は「知ろう」「学ぼう」としないと近づけないほど、遠い存在のような気がする。私もそうやって津軽の文化から遠ざかっていた。この講義を通してやっと津軽に近づけたと思う。私は津軽学を学んで、津軽の文化に対する意識、津軽の人間としての意識を高めることができた。そして、津軽に対して誇りをもつことができた。今後も、この津軽の文化に積極的に関わっていけたらと思う。（教育学部　女子学生）

○私は、青森県外出身で、津軽の事について何も知らなかった。せっかく大学4年間弘前に住んでいるのだから、もっとこの土地について知ろう、そう思ったのが「津軽学」を学ぼうと思ったきっかけである。私がまず印象に残っているのは、「ねぷた絵」についてである。八嶋さんのねぷたに対する思いや、間近でみた迫力満点のねぷたに感動して、私はねぷたについてもっと調べてみた。ねぷたの起源は様々な説があり、「坂上田村麻呂の蝦夷征伐」にまつわる話や、津軽為信が京都の人をおどろかすために、巨大な「津軽の大燈籠」とよばれるものを作ったのがはじまりといわれていることが分かった。1788年の「奥民図彙」からは四角の燈籠や花瓶のような形のものを運行していたようだ。時代は変わり、今のような扇ねぷたになったのは戦後以降のことである。（『津軽の華〜40年間保存されてきたねぷた絵〜』より）このように、昔とは形を変えながらも、その根底にあるものは変わらない（変えてはいけない）のが伝統であり、これからもまた変化していくのだと思った。このような素晴らしい歴史と伝統を持つことは津軽の誇りであり、私はこのような文化があることをうらやましく思った。また、近代津軽の話や、旧制弘前高校の歴史について学び、弘前の教育の質は本当に高かったことが分かった。これからもその歴史は引き継がれるべきであり、弘大の学生を中心に教育の質を高める努力をしなければならないと感じた。『旧制弘前高等学校史』を見ていたら、おもしろいことが分かった。昭

和19年の2学年学徒動員により日立多賀工場へと記されていたが、これは偶然にも私の実家のすぐ近くであった。「艦砲射撃」の中に当時の様子が記されているのを見て、私が中学時代に調べていた戦時中の歴史（地元の）とつながるものがあり、とても感動した。歴史はこのようにひもといていけば、つながっていくものなのかもしれない。近代津軽の講義で外国人教師マックレーについて学んだ。そのときのマックレーの弘前についての記述の本は、多くの外国人に読まれたことから古くから津軽の文化が外国に出ていたことが分かった。このように津軽と外国との関係に焦点をあててみていく歴史もおもしろいと思った。たった14回の講義だったが、様々な視点から津軽を知ることができた。歴史や伝統、文化は必ず守ろうとする人がいることを知った。そして、これからは私達が歴史を築きあげていこうとする姿勢が大切なのだと思った。津軽学では学びきれなかった津軽の素晴らしいところがたくさんあると思う。これからもっともっと知りたいと思った。歴史を知ってこそ、これからどうしていけばよいのか課題が見え、前に進むことができるのかもしれないと思った。（教育学部　女子学生）

○津軽学の授業を通して、歴史や文化について理解を深めた。津軽について更に詳しく知りたいと思い、図書館で弘前城について文献等で調べた。歴史や文化を知ることで、自分の世界が拡がった。「世界に発信する」ための土台をこの授業でつくることができたと思う。今までは、歴史とは暗記するためのものとしか考えていなかった。しかし、この授業を受けて、歴史を通して過去の経緯を調べることにより、今、未来と考えられる力を手に入れられ、未来を切り開くための参考になるものが歴史であると考えるようになった。今、何気なく生活しているこの豊かな日本が存在するのも、歴史的発展があったからこそではないだろうか。昔の人への感謝の念を込めて、今現代の人ができることは、歴史を教えつないでいくこと、それが

私たちの役目でもあり義務なのではないだろうか。また、今回11人の講師の講義をうけ、「生き方」について考えさせられた。11人の講師の人たちは、それぞれ生き方も仕事も違うけれど、自分の仕事に自信や誇りを持っている所や、尊敬する人を大切にしている所は、共通していた。私は、11人の講師の人たちの生き方に感動した。ねぷたや津軽塗、弘前に残っている数々の文学作品は、表の華やかなものだけではなく、裏で支えるものがあったり、大きな壁を乗りこえてきたということを知った。私は今まで、華やかな表のことしか知らず、裏の苦労など全く知らなかったので、この授業を通して知ることができて良かった。私も11人の講師の人たちのように尊敬し、感謝している恩師がいる。その恩師との出会いによって、今の自分がいる。ねぷた絵師の八嶋龍仙先生がおっしゃっていた「先生の生き方をまね、後世に伝えていくことに意義があり、これが師匠への恩返しとなる」という言葉通り、私も教師になることで、先生への恩返しをしたいと思った。人文の生き方や仕事を語れる人は非常にかっこよく魅力的だと感じた。今までは、自分の生き方を語るのは、はずかしいと思っていたが、今回の講義で変わった。私も自分の生き方に自信を持てるよう、これから大学生活をおくっていきたいと思う。（教育学部　女子学生）

感想文

○今回、津軽学の講義では、弘前ねぷた絵の歴史・津軽三味線の歴史・津軽塗の実習・石坂洋次郎・旧制弘前高校の太宰治・津軽方言詩・寺山修司・現在活躍中の文学者たち・弘前藩の歴史と文化・近代津軽の西洋文化受容・旧制弘前高校の歴史を順番に学んでいきました。津軽地方に伝わる伝統文化・芸術を身を持って感じ、何百年と継承されてきた伝統の奥深さ、味わい、不変の素晴らしさ、時代によって変化していく工夫と知恵を体感しました。弘前ねぷた絵のダイナ

ミックで壮大な様子、津軽三味線の体の芯にまで響く音の瞬間芸術、実際に体験して分かる津軽塗の難しさと唯一無二の作品を手にした時の感動は忘れることができません。又、津軽地方を語る上で絶対に外す事の出来ない津軽が生んだ偉人たちの歴史は、それぞれが波瀾万丈であり、とても興味深いものでした。津軽という地が彼らに及ぼした影響はとても大きかったこと、逆に、彼らが津軽という地に及ぼした影響もとても大きかったことは、言うまでもなく事実であると感じました。その他にも、東奥義塾や旧制弘前高校などの歴史を学び、今私たちが学んでいる弘前大学や弘前という地がどのように変化し、続いて今日まで至っているのかを知りました。灯台下暗しとはまさにこのことだと思いました。縁があってやってきた青森県弘前市の歴史はあまり深く考えたことがありませんでした。しかし、津軽学を受け、津軽地方が生み出した文化や歴史は、独自性にあふれ、負けず嫌いは風土精神・じょっぱり精神の根深さを知りました。母校となる弘前大学の歴史や文化、弘前市の歩みをよく理解し、これから先世界にも自分の学んだ土地について発信していけるような人物になりたいと考えました。津軽学では新たな発見を多くすることができて本当に良かったです。ありがとうございました。
(教育学部 女子学生)

○今回、津軽学の講義を受けてみて、今までまったく知らなかった津軽の歴史や文化にふれることができたので、とても良かったです。特に私がこの津軽学の授業で1番印象に残っているのは4回目の授業の「津軽塗」の授業です。私は、弘前市の観光館に漆器(津軽塗)を観に行くほど漆器が大好きなので、自分で津軽塗のペンダントを創ることができてとても良かったと思います。実際に津軽塗の体験をしてみて、やすりの行程で上手く文様を出すことができなかったし、キレイな形に整えることができなかったのですが、世界に1つしかないペンダントであるので、大学生活の思い出として、一生大

切にしていきたいと思いました。また、津軽学の講義を受けて、初めて寺山修司や太宰治、石坂洋次郎などの有名な作家が津軽出身であることを知ると同時に、津軽の歴史はとても奥深いものであると感じることができました。最後に、私自身この津軽学の授業を受ける前と、今では津軽に関する知識が増えただけではなく、津軽に対する見かたが変わったような感じがします。私が、この津軽学の講義を受けようと思った理由は、「4年間の大学生活を送る弘前について、もっと知りたい」ということであったのですが、私が想像していた以上に津軽のことを学ぶことができたし、実際にねぷた・津軽塗・津軽三味線などの伝統文化にもふれることができたのでよかったと思います。この講義を受けてから私は弘前・津軽のことをもっと知ろうと、弘前城・五重塔、洋館づくりのフランス料理店などに行くようになり、この講義のおかげで、より弘前・津軽に興味を持つことができるようになりました。（教育学部　女子学生）

○津軽学の講義は私の知らない津軽との出会いの連続でした。初めて生演奏を聞いた津軽三味線では、その音色だけではなく、津軽三味線がかつては「邪道三味線」と呼ばれていたという様々な歴史も知ることができました。しかし、「邪道三味線」であったからこそ栄えることができたということには驚きました。また、太宰治といえば文学に疎い私でも知っているほど有名な文学者であるが、講義を聞くと、私も含め、太宰治という人物にはみんな偏見を持ってしまっているということに気付きました。彼の作品の傾向から、または、彼につきまとう自殺という言葉から、様々な想像をしてしまい、本来の太宰治という人物を見失ってしまっているということがわかりました。彼の作品はもう読んでしまっているものが多いですが、講義の後もう一度読み直してみると、おもしろいように（色）までは気が付かなかった言葉の表現から伝わる気持ちが沢山出てきました。こんな体験をしたのは初めてでした。著者に対するイメー

ジが変わると、こんなにも作品が違ってみえてくるのかと驚きました。このことをはじめ、津軽学の講義は、「驚き」でいっぱいでした。この驚きを、講義を受けていない人にも教えてあげたいと思いました。(教育学部 女子学生)

○津軽学の授業は、実際のねぷた絵を見たり、触ったり、津軽三味線の生演奏を聴いたりと、津軽の歴史と文化を肌で感じることができ、とても貴重な体験ができた。授業を担当する先生方もほぼ毎回違うので、「今日はどんな先生だろう?」「今日はどんなお話が聞けるのだろう?」と、毎回授業をとても楽しみにしていた。だから、私は1週間の中で、「早く水曜日にならないかなぁ」といつも思い、津軽学の授業を心待ちにしていた。そのような期待を持って受ける津軽学の授業は、毎回新鮮であり、毎回授業の中で興奮や感動があった。例えば、上記でも述べたように、ねぷた絵を見たり、触ったりし、その大きさや今と昔のねぷた絵の違いに驚いたり、津軽三味線の生演奏を聴き、音の躍動感や先生の巧みな手の動き(演奏技術)に興奮したり、津軽塗の実習では、この世にたった一つしかない自分だけの素敵なペンダントができ、とても感動したりした。また、講義形式の授業においても、先生方が心に響くような話し方で授業をして下さったため、私の心には、心に響いたたくさんの先生方のお話が残っている。このように津軽学の授業は、興奮や感動など、毎回心に響くものがあり、津軽学の授業を通して、私は心にたくさんの宝物ができたと思う。だから、私は津軽学からもらったたくさんの宝物を、一生の宝物として今後も大切にしていきたいと思う。最後に、津軽には歴史と伝統のあるものがとても多くて、私はこれらの伝統を今後100年、200年と年を経ても、後世へ受け継ぎ、守り続けていかなければならないと思う。だから、私も津軽学で学んだたくさんのことを後輩へ伝えることで、少しでも津軽の伝統を守ることに貢献できたら良いと思う。(教育学部 女子学生)

○津軽学の目的は、自分自身が今現在住んでいる津軽（弘前）の歴史や文化に触れ、もっと弘前を知っていく、というものであった。13回の講義でその目的は見事に達成されたと思う。例えば、第2回の（ねぷた絵について）では、ねぷたの作成過程、ねぷたの絵の種類を学んだ。知識が増えたことによって、今年のねぷた祭は確実に私は楽しめると思う。そして何よりも、あのねぷた絵には人を思う気持ちが詰まっていると思った。津軽塗の実習では、ペンダントを作った。同じものはどれひとつない、自分の味がでるところが津軽塗の良いところなのだと思った。あの微妙な模様と何ともいえない色が本当に素敵だと思った。本当に良い経験をしたと思う。津軽塗の講義を受けて、以前は気にもとめなかった民芸品コーナーをよく見るようになった。見れば見るほど引きこまれるような魅力がある。また、津軽には素晴らしい作家がたくさんいることも学んだ。津軽の作家の系譜をみとも分かるようにすべてつながっている（葛西→石坂→太宰→長部→寺山）ので歴史が続いていることが分かった。津軽の文学の質はとても高く、これからも続いてほしいと思った。また、近代津軽の話、東奥義塾の話はとてもおもしろかった。学べる喜びで一杯だった当時の学生を見習わなければならないと感じた。弘前は教育と共に歴史を刻んできたことを知り、これから、この弘前の街全体を活性化させるのは、教育に力を入れることであり、そのためには私達弘大生がもっと勤勉に勉強し教育の質を上げていくことが必要なのではないか、と考えた。教育の街として弘前が元気になればいいなぁと思った。このように津軽学を通して様々な歴史と文化に触れることができた。歴史や文化は研究を続け、伝統を守っていこうとする人がいるから伝えられていくのだと思った。歴史と文化を学び、守っていこうとする姿勢、また、新たに私達が歴史を築きあげようとする姿勢が大切なのだと思った。（教育学部　女子学生）
○まず、授業全体を通して（特に八嶋龍仙さん、北原かな子さん）、「（た

だ)話を聞いて欲しい」という言葉と話し方の雰囲気が印象的でした。それを私は、「まずはその存在を知り、少しでも興味を持つきっかけにして欲しい」と解釈しました。津軽の文化の中で更に特定の分野を研究・勉強している講師の皆さんにとっては、学生である私たちに、弘前と(それなりに)関係があることをきっかけとして、津軽・弘前の特徴であり同時によさであるものを惜し気もなく教えてくれているのだと思いました。自分の住む地の文化・伝統・歴史・芸術についてそれぞれの専門家から、いわばエッセンスだけを聞くことができる機会は、この学校のこの講義でしか(おそらく)なく、ある意味では日本唯一の、そして日本一の貴重な授業だったのではないでしょうか。第一線で活躍されている専門家からの直接の講義は、生演奏や貴重な資料の配布を含め、今思い返すと大変贅沢な時間だったと思います。この講義のもう1つの良さは、弘前(地元)出身者とその他の地方出身者が、弘前についてそれぞれの理解があり、それを持って新しく弘前について文化・伝統・歴史・芸術等の知識を得ることができるところだと思いました。同じ弘前出身者でも、互いに弘前に対する知識や考え方、思いは異なっているとは思いますが、その中でも、新しいもののとらえ方ができるかもしれません。弘前以外で、かつ弘前・津軽に知り合いがいない人の多くは、「弘前」を何と読むか、そして何県にあるのかさえ知らずに過ごしている状況だと思います。そのような人々が、この講義を聞いたらどうでしょうか。歴史・文化・伝統などに裏打ちされたすばらしい町だと思うでしょう。他県出身である私自身も、この講義により弘前に対する興味が増しました。もう二度と、「弘前は何もない田舎町」と安易に口にすることはなくなるでしょう。(教育学部　女子学生)

○私は青森県外出身ですが、弘前大学に来て、弘前の町の規模の小ささにがっかりし、この地へ来たことを後悔することも、弘前に来たことを言うことを恥ずかしく思うことも正直ありました。しかし、

今回この津軽学の授業を受け、弘前や青森の歴史・文化などを知ることで、弘前の良さを初めて知ることができました。文化については、ねぷた絵・津軽三味線・津軽方言詩などのルーツや絵師・演奏者の思いを知り、今まで何気なく見ていたねぷたやただ流して聞いていた津軽三味線の奥の部分を知ることで、これまでとは違った視点で見ることができそうです。また、実際に津軽塗の最終工程を実際に体験できたことも、弘前に来てもその文化にふれる機会がほとんどなかった自分にとって、とても貴重な経験になりました。文学の面でも、名前は知っていても、青森出身であることを知らなかった文学者が多くいて、多くの文学者が輩出されているところをみると、青森という地は「学び」という面でとても適している土地なのだと感じた。津軽学の14回の講義の中で一番興味をもったのが「近代津軽の西洋文化受容」の講義で、東奥義塾や外国人教師について知ることで、その当時の青森の学問のレベルの高さに驚き、今現在あまり高いとはいえない青森の学問のレベルを残念に思った。ただ、列島最北端のへき地でありながら、その土地柄に臆することなく、むしろその土地柄の悪さをカバーするための学問向上を考えたその当時の人たちの志はすばらしいと思った。一番最初に書いた自分の気持ちはまだ完全にはなくなってはいないが、今回津軽について学べたことで、青森の知らなかった面をたくさんみることができ、青森に来てよかったと思える一面をみつけることができたし、また、せっかく青森という地に来て、こうやって青森について学んだのだから、これから青森について知らない人たちにこのすばらしい面を伝えていきたいとも思った。また、今回学んだのは津軽についてであったが、考えてみれば自分の地元のことすらあまり知らない状態であることに気づいたので、この機会に地元を改めて知りたいとも思った。(医学部保健学科　女子学生)

あとがき

　「津軽学——歴史と文化」は、弘前大学が法人化後において独自のカリキュラムとして開発した21世紀教育（教養教育）のテーマ科目である。なぜ、授業改善などFDを行っている高等教育研究開発室が行うのかと不思議に思われる方も多いかもしれないが、実は、カリキュラム改訂あるいはカリキュラム開発や編成は重要なFDの一環であり、教員の教育業績として評価される項目である。たとえば、拙著『ティーチング・ポートフォリオ——授業改善の秘訣』（東信堂、2007年）で紹介した北米の「ティーチング・ポートフォリオに含まれる49項目」のなかの「(C) 授業評価および授業改善のステップを記録した書類として」(13項目) に「授業あるいはカリキュラム開発への参加記録」という項目がある。この項目は、49項目のなかのトップ10にリストされるほど重要なものである（124〜6頁を参照）。『IDE 現代の高等教育』(2008年8-9月号) は「進展する大学のFD」と題して特集テーマを組んでいるが、そのなかで寺﨑昌男は「FD試論——その理解と課題をめぐって」と題して、「カリキュラム編成もFDの一環である」として他国との違いを述べている（7頁）。

　このオムニバス授業を一冊の本にまとめることは容易ではない。また、多くの履修生の中から、フィードバックやラーニング・ポートフォリオや感想文を選ぶことも至難の業であった。コーディネーターの編者が個人的に選んだために偏ってしまった。多くが女子学生であったが、授業に真剣に取り組んでくれた証しである。可能な限り多くの学生の意見を反映したいと努力したが内容に偏りがあったことは否定できない。すべ

ての学生が同じ授業を聞くので内容も大同小異であり、枚数の制約から一部しか紹介できなかったが、他にも素晴らしいものが多くあったことを付け加えておきたい。

将来的には、「津軽学——歴史と文化」(歴史版)だけに留まらず、「津軽学——現代と社会」(現代版)のような新しいカリキュラム開発ができればと考えている。そして、この二つの授業が弘前大学独自の必修科目として位置づけられ、学生が4年間を通していつでも履修できるようになれば、弘前大学の独自性を内外にアピールでき大学の付加価値を高めることに繋がると考えている。

地元の新聞社からも機会あるごとに授業を紙面で報じてもらった。このような報道がなければ、学生がどのような授業を受けているのか外部には伝わらない。一部の弘前市民には授業を聴講してもらったが、もっと多くの市民に公開すべきであると考えている。市民参加型を通して、学生と地域社会が共同体となり、地域に根ざした授業が生まれるはずである。

附属図書館に「津軽学コーナー」が設置され、「津軽学——歴史と文化」に関連する文献やビデオが閲覧できるようになった。今後、「津軽学——歴史と文化」関連の図書が多く寄贈され、豊富な「津軽学コーナー」になればと期待している。

とくに、「津軽学——歴史と文化」の授業紹介のオリジナルなポスターを作成して提供くださり、また、本書の表紙に使用することをご快諾くださった津軽伝統ねぷた絵師・八嶋龍仙氏に心より感謝したい。さらに、津軽方言詩の講師・山田尚氏からは、「高木恭造没後20年記念 全34編朗読『まるめろ』in 津軽」の朗読をCDに収録したオリジナルのライブ録音を提供していただいた。

この「津軽学——歴史と文化」の公刊を誰よりも強く支援し、附属図書館との連携や講師陣との「橋渡し」に貢献された元附属図書館長・雨森道紘理工学部教授に心から謝辞を述べたい。

最後になったが、本書の書籍を媒体とした「公開授業」として、学生の視点に立った授業という新たな企画に賛同され、出版をご快諾いただいた東信堂・下田勝司社長に感謝したい。「津軽学――歴史と文化」の本を東京から発信することで、多くの読者に津軽の素晴らしさを知ってもらうことができれば、編者の望外の喜びである。

　　2009年4月1日

　　　　　　　　　　　　　　　　　　　　　　　土持ゲーリー法一

第57回東北・北海道地区大学一般教育研究会（話題提供）

　　　高大および地域連携による「津軽学——歴史と文化」

はじめに——「津軽学—歴史と文化」授業の誕生
1) カリキュラム開発の動機づけ
　『東奥日報』(2005年2月9日)は、「弘大法人化に将来ビジョン」と題して、遠藤正彦学長が地域密着型の大学を目指していると報じた。弘前大学には、「世界に発信し、地域と共に創造する」のモットーがある。2005年10月、弘前大学21世紀教育センターに高等教育研究開発室が新設され、授業改善などに資するとともに、新しいカリキュラム開発も手がけた。
2) 21世紀教育テーマ科目
　21世紀教育（教養教育）テーマ科目として、法人化後の弘前大学独自のカリキュラム開発の要請を受け、「横浜学」のようなものができないか検討し、幕末から明治初期の西洋文化との接点に着目した。たとえば、フェリス女学院大学国際交流学部一年次履修科目に「横浜学」がある。横浜には外国人居留地があり、西洋文化を摂取して近代化の原動力となったところで、フェリス女学院の山手通りには「お雇い外国人」を埋葬した外国人墓地がある。
　弘前にも横浜と似た共通点がある。弘前大学に赴任した後、大学正門横に洋風建築の外国人教師館を見て感動した。また、弘前城の近くには、素晴らしい洋風建築が保存され、弘前が誇るフランス料理店も数多くある。和の伝統と洋の近代化が融合した町である。これを何とかカリキュラムにできないかと検討を重ねた結果、「津軽学——歴史と文化」の授業が誕生した。
3) 高大および地域連携の重視
　どのような授業内容にするか。弘前大学の独自性を出すには、地域連携が不可欠である。近年の地域学の動向からも、自分たちの住む地域の

歴史や文化、産業、自然などを見つめ直し、地域の魅力や可能性を発掘した地域連携のものが多い。しかし、地域連携だけなら、他でもやっている。「地域連携」に、「高大連携」という視点を加えることで、弘前大学独自のカリキュラムができるのではないかと考え、高大および地域連携による「津軽学――歴史と文化」のユニークな授業が誕生したのである。高大および地域連携を特徴とするからには、それらがカリキュラムにも反映される必要がある。カリキュラム開発で重要なことは、授業担当の講師陣の人選である。津軽の文学については、大鰐高等学校校長（当時）・齋藤三千政氏に高大連携という視点からのカリキュラム作成も依頼した。津軽方言詩・山田尚氏も齋藤氏のご尽力によるものである。伝統文化についても、担当できる講師陣が身近にいた。弘前大学ねぷた絵

弘前大学21世紀教育センター

を何年も描いている八嶋龍仙氏、弘前大学教育学部卒業生で全国津軽三味線コンクール優勝者笹川皇人氏、津軽塗の弘前大学教育学部名誉教授佐藤武司氏、太宰治が学んだ旧制弘前高等学校卒業生で、同窓会長の東京都立大学名誉教授前島郁雄氏などから協力が得られた。弘前大学からは、人文学部長谷川成一教授による弘前藩に関する講義と教育学部芳野明助教授（当時）による外国人教師館と洋風建築の講義だけで、それ以外は高大および地域連携によるカリキュラム構成であった。さらに、地域からの支援もあり、ねぷた絵師八嶋龍仙氏は、前頁の「津軽学――歴史と文化」ポスターを描いて寄贈した。

カリキュラム

1) 授業内容

　授業では、授業計画書（シラバス）とは別に、詳細な授業シラバス（6頁、配布資料を参照）を履修生に配布した。授業シラバスの作成にあたっては、コーディネータが授業の趣旨を各講師に説明して、講義内容の執筆を依頼し、全体の調整をした。

2) オムニバス授業

　授業は、オムニバス形式によるもので、弘前藩の庶民生活がどのようなものであったか、弘前の夏の夜を彩る弘前ねぷた絵、そして津軽塗り、津軽三味線など、さらに、弘前大学の前身の旧制弘前高等学校における「高等普通教育」とは、どのようなものであったか。また、「津軽の文学」は、日本文学史のなかに、独立した章が立てられるほど、知名度が高いものであるが、そのような文学を育んだ津軽の風土とは、どのようなものであったか。卒業生の文豪・太宰治は、どのように青春を過ごしたか。石坂洋次郎の小説『青い山脈』には、敗戦後の地方都市の学校における民主化への葛藤がどのように描かれているか等々、青森県内の高校教員との連携および地域連携を通して、幅広い教養を学生に身につけることを目的とした。

3) 授業の目的

　授業の目的は、シラバス（配布資料）に記載されているように、幅広い視点に立って、郷土の歴史や文化に対する「教養文化」を身につけ、それは弘前大学のモットー「世界に発信し、地域と共に創造する」とも合致するもので、社会に、世界に羽ばたく若者のアイデンティティの確立を目的とした。

新聞報道等
1) マスコミによる報道

　新しい授業は、地域の新聞で取りあげられ、授業や実習を取材した記事が掲載された（『東奥日報』『陸奥新報』）。また、『蛍雪時代』（2006年6月）では、講義だけでなく、絵師による「ねぷた絵」の実演および津軽塗の体験実習も含まれる学生参加型の授業内容がユニークであると紹介された。たとえば、津軽塗の授業では、学生自らがオリジナルな津軽塗の作品（ペンダント）を仕上げるが、以下は、実習時の授業風景である。

2)「津軽学コーナー」の設置

弘前大学附属図書館には、講義に関連した資料を揃えた「津軽学コーナー」が設けられた。（注：附属図書館ホームページを参照）

まとめ──授業への省察

1) カリキュラム内容の修正

1年間の試行錯誤を経て、カリキュラムを見直した。カリキュラムには、外国人教師館と西洋建築が含まれたが、近代津軽の西洋文化の「摂取」という視点が欠けていた。その反省を踏まえて、2年目から、この分野の専門家の北原かな子氏を講師に加えた。また、津軽三味線も実演のみならず、歴史も充実するために、大條和雄氏（津軽三味線歴史文化研究所）に依頼した。このカリキュラムの修正が成功であったことは、学生からのラーニング・ポートフォリオおよび感想文のフィードバックからも明らかである。

2) オムニバス授業の改善点

「津軽学──歴史と文化」のように、高大および地域連携の多様な講師陣による講義シリーズは、学際的な色彩が強いため、どうしてもオムニバス形式の授業にならざるを得ない。それが魅力的でもある。ところが、弘前大学では、教員からも、学生からもオムニバス形式による授業の評判はあまり良くない。その原因は、授業にまとまりがなく、全体としての繋がりがないという理由であった。オムニバス授業の問題点を克服するために、以下の改善方法を試みた。

(1) カリキュラム開発者のコーディネータが、シラバスはもとより、講師陣の人選を行い、授業内容の全体的な調整を行った。

(2) コーディネータが、15回の授業に毎回出席し、授業を録音したテープを活字化して、担当講師に校正してもらうことで、授業内容への省察を促し、次の授業で繋げた。将来的には、大学ホームページあ

るいは弘前大学出版会からの刊行に繋げる。
(3)授業ごとに、「講義ノート」を書かせた。「講義ノート」には、講義内容を単にメモするだけでなく、内容を咀嚼して、自分の言葉でパラフレーズしてまとめるように、オリエンテーションで指導した。
(4)最終的には、講義内容に関して、筆記試験とは別に「ラーニング・ポートフォリオ（学習実践記録）」を書かせた。これは、15回を通して授業内容が学生にどのような影響を及ぼしたかを省察的に記述させた。

以上によって、オムニバス形式の授業でありながら、全体的に調和の取れた「津軽学――歴史と文化」の授業へと改善できた。

3) 郷土の歴史や文化への目覚め

授業内容の全体的な調整および「ラーニング・ポートフォリオ」を作成することで、「津軽学――歴史と文化」の授業での学生のフィードバックに顕著な成長の跡が見られた。たとえば、以下のような「ラーニング・ポートフォリオ」や「感想文」が寄せられ、学生たちが郷土の歴史や文化にどのように目覚めたかを看取できた。

〔配布資料〕
「ラーニング・ポートフォリオ」より
　ラーニング・ポートフォリオには、授業への省察の記述が多くみられた。以下に、その一部を紹介する。
　(1)授業を受けて津軽のことをもっと調べたいと図書館や体験学習へと繋げたとの記述がみられた。
　たとえば、「弘前大学附属図書館の津軽学のコーナーへ行き、『あっぱれ！　津軽塗』という佐藤武司先生が書かれた本を読んだ。その本には津軽塗の歴史等がわかりやすく書かれており、とても楽しみながら津軽塗について学ぶことができた。また弘前にある津軽塗でできている器などが売られているお店にも行き、実際に見て来た。すると、色や斑点様子などの違いが本などで見るよりもとてもわかりやすくて、その美しさについ見とれてしまった。」また、太宰治についての講義を受けた後、「弘前大学附属図書館へ行き、もう一度『人間失格』を借りて、読んでみた。すると、やはり思っていたように前読んだ時と味わい方が全く違った。二項対立がわかったり、心中の場面が私生活と関連付いていることを知ることができ、本の内容だけではなく、この本を書いた時の太宰治の心境なども一緒に考えながら読むと、とても面白くて、寝るのも忘れて本を読むのに熱中してしまった。」(教育学部　女子学生)
　(2)津軽学を通して「宝物」ができたとの記述もみられた。
　たとえば、「津軽学の中でたくさん心に響いたものがあり、心の中にたくさんの宝物ができた。この宝物を一生の宝物として、後輩などに伝え、津軽の歴史や文化を継承する手助けができたら良いと思った。」(教育学部　女子学生)
　(3)津軽学を通して「人間性」を学んだとの記述もみられた。
　たとえば、「津軽学で私が学んだことは、津軽の歴史の深さや津軽に関する知識はもちろんのこと、学生として大事なことや経験が人生や作品に反映されること、国を越えた交流から素晴らしい人間性を学ぶこと

ができた。」と述べ、「生の津軽三味線を音で聞き、初めて聞いたわけではなかったが、歴史についての話を聞いた後だったというのもあるかもしれないが、鳥肌が立った。文化と文化が接触して変化し新しいものが生まれるという、ジャズや三味線に共通する文化という形の無いものの創造はとても不思議な感覚だった。津軽方言詩では、津軽に生まれてから20年余住んでいる私でもわからない津軽弁が出てきて、それの意味を想像しながら読む詩はとても面白かった。声を出して読みたいと思った。」(理工学部 女子学生)

(4)授業に感動したとの記述もみられた。

たとえば、「知識を得るためだけの授業や講義は多くあるが、人として大きくなれるきっかけになった授業は初めてだ。この講義に出会えて本当に良かったと思うし、とても大事なことも学べた。週1回ではあったが、とても有意義な半年間になった。」(理工学部 女子学生)

(5)身近な文化に触れるよい機会で、津軽に誇りをもつことができたとの記述もみられた。

たとえば、「私にとって津軽学は、身近なはずの文化に一から触れることのできる魅力的なものだった。実習や実演、講義等授業の形式はさまざまであったが、自分自身が積極的に文化に触れ、目や耳や肌で感じることができたという点で評価するならば、『ねぷた』と『津軽方言詩』の講義を挙げる。」そして、「津軽学のすべての講義を終えて今思うことは、どの土地にもそれぞれの文化が息づいている、それを見直すべきだということだ。現代では、文化は『知ろう』『学ぼう』としないと近づけないほど、遠い存在のような気がする。私もそうやって津軽の文化から遠ざかっていた。この講義を通してやっと津軽に近づけたと思う。私は津軽学を学んで、津軽の文化に対する意識、津軽の人間としての意識を高めることができた。そして、津軽に対して誇りをもつことができた。」と締めくくった。(教育学部 女子学生)

(6)歴史・文化を継承する大切さを学んだとの記述もみられた。

たとえば、「たった14回の講義だったが、様々な視点から津軽を知ることができた。歴史や伝統、文化は必ず守ろうとする人がいることを知った。そして、これからは私達が歴史を築きあげていこうとする姿勢が大切なのだと思った。」(教育学部　女子学生)

(7)歴史授業の重要さを再認識したとの記述もみられた。

たとえば、「津軽学の授業を通して、歴史や文化についての理解を深めた。津軽について更に詳しく知りたいと思い、図書館で弘前城について文献等で調べた。歴史や文化を知ることで、自分の世界が拡がった。『世界に発信する』ための土台をこの授業でつくることができたと思う。今までは、歴史とは暗記するためのものとしか考えていなかった。しかし、この授業を受けて、歴史を通して過去の経緯を調べることにより、今、未来と考えられる力を手に入れられ、未来を切り開くための参考になるものが歴史であると考えるようになった。今、何気なく生活しているこの豊かな日本が存在するのも、歴史的発展があったからこそではないだろうか。昔の人への感謝の念を込めて、今現代の人ができることは、歴史を教えつないでいくこと、それが私たちの役目でもあり義務なのではないだろうか。また、今回11人の講師の講義をうけ、『生き方』について考えさせられた。11人の講師の人たちは、それぞれ生き方も仕事も違うけれど、自分の仕事に自信や誇りを持っている所や、尊敬する人を大切にしている所は、共通していた。私は、11人の講師の人たちの生き方に感動した。ねぷたや津軽塗、弘前に残っている数々の文学作品は、表の華やかなものだけではなく、裏で支えるものがあったり、大きな壁を乗りこえてきたということを知った。私は今まで、華やかな表のことしか知らず、裏の苦労など全く知らなかったので、この授業を通して知ることができて良かった。」(教育学部　女子学生)

「感想文」より

感想文には、授業に対する個々の感想が綴られた。たとえば、

⑴灯台下暗しとの自己反省もみられた。

たとえば、「今私たちが学んでいる弘前大学や弘前という地がどのように変化し、続いて今日まで至っているのかを知りました。灯台下暗しとはまさにこのことだと思いました。縁があってやってきた青森県弘前市の歴史はあまり深く考えたことがありませんでした。しかし、津軽学を受け、津軽地方が生み出した文化や歴史は、独自性にあふれ、負けず嫌いは風土精神・じょっぱり精神の根深さを知りました。母校となる弘前大学の歴史や文化、弘前市の歩みをよく理解し、これから先世界にも自分の学んだ土地について発信していけるような人物になりたいと考えました。津軽学では新たな発見を多くすることができて本当に良かったです。ありがとうございました。」(教育学部 女子学生)

⑵弘前に興味が持てるようになったとの感想もあった。

たとえば、「この講義を受けてから私は弘前・津軽のことをもっと知ろうと、弘前城・五重塔、洋館づくりのフランス料理店などに行くようになり、この講義のおかげで、より弘前・津軽に興味を持つことができるようになりました。」(教育学部 女子学生)

⑶オムニバス授業が楽しかったとの意見も聞かれた。

たとえば、「授業を担当する先生方もほぼ毎回違うので、「今日はどんな先生だろう？」「今日はどんなお話が聞けるのだろう？」と、毎回授業をとても楽しみにしていた。だから、私は1週間の中で、「早く水曜日にならないかなぁ」といつも思い、津軽学の授業を心待ちにしていた。そのような期待を持って受ける津軽学の授業は、毎回新鮮であり、毎回授業の中で興奮や感動があった。」(教育学部 女子学生)

⑷津軽に来たことを後悔していた自分を恥じたとの内省的記述もみられた。

たとえば、「私は青森県外出身ですが、弘前大学に来て、弘前の町の規模の小ささにがっかりし、この地へ来たことを後悔することも、弘前に来たことを言うことを恥ずかしく思うことも正直ありました。しかし、

今回この津軽学の授業を受け、弘前や青森の歴史・文化などを知ることで、弘前の良さを初めて知ることができました。文化については、ねぷた絵・津軽三味線・津軽方言詩などのルーツや絵師・演奏者の思いを知り、今まで何気なく見ていたねぷたやただ流して聞いていた津軽三味線の奥の部分を知ることで、これまでとは違った視点で見ることができそうです。また、実際に津軽塗の最終工程を実際に体験できたことも、弘前に来てもその文化にふれる機会がほとんどなかった自分にとって、とても貴重な経験になりました。文学の面でも、名前は知っていても、青森出身であることを知らなかった文学者が多くいて、多くの文学者が輩出されているところをみると、青森という地は『学び』という面でとても適している土地なのだと感じた。津軽学の14回の講義の中で一番興味をもったのが『近代津軽の西洋文化受容』の講義で、東奥義塾や外国人教師について知ることで、その当時の青森の学問のレベルの高さに驚き、今現在あまり高いとはいえない青森の学問のレベルを残念に思った。ただ、列島最北端のへき地でありながら、その土地柄に臆することなく、むしろその土地柄の悪さをカバーするための学問向上を考えたその当時の人たちの志はすばらしいと思った。一番最初に書いた自分の気持ちはまだ完全にはなくなってはいないが、今回津軽について学べたことで、青森の知らなかった面をたくさんみることができ、青森に来てよかったと思える一面をみつけることができたし、また、せっかく青森という地に来て、こうやって青森について学んだのだから、これから青森について知らない人たちにこのすばらしい面を伝えていきたいとも思った。また、今回学んだのは津軽についてであったが、考えてみれば自分の地元のことすらあまり知らない状態であることに気づいたので、この機会に地元を改めて知りたいとも思った。」(医学部保健学科 女子学生)

備考
　　紙面の関係で、一部の学生のものに限定した。記載に関しては、臨場感と学生の心情を正確に伝えるため、字句、句読点はそのままにした。

授業シラバス

授業科目名：21世紀教育テーマ特設科目：「津軽学——歴史と文化」
担当教員：八嶋龍仙（非常勤）、佐藤武司（非常勤）、大條和雄（非常勤）、長谷川成一（人文学部）、北原かな子（非常勤）、前島郁雄（非常勤）、舘田勝弘（非常勤）、相馬明文（非常勤）、山田　尚（非常勤）、櫻庭和浩（非常勤）、齋藤三千政（非常勤）
学期：前期（2007年度）
曜日：水曜日
時限：3・4時限（10時20分～11時50分）（総合教育棟301）
コーディネーター：土持ゲーリー法一

授業概要

　文化人類学者・青木保氏は、日本文化を「混成文化」と名づけ、三つの文化層の重なりで形成され、日本古来の土着文化の神道、アジアの大伝統の文化の儒教・道教や仏教に示された古代中国・インド文明の影響、そして、西欧近代文化あるいはアメリカ文化にあらわれていると述べています。

　「津軽学——歴史と文化」の授業では、このような幅広い視点に立って、「教養文化」を学びます。「灯台下暗し」と言われますが、案外、郷土の歴史や文化について知らないものです。これでは、良識ある社会人にはなれません。弘前大学では、「世界に発信し、地域と共に創造する」をモットーに掲げているのですから、これから社会に、そして世界に羽ばたくためにも、郷土の歴史や文化に誇りがもてる、「国際人」であることが大切です。グローバルな社会であればこそ、しっかりとしたアイデンティティが求められます。

　この授業は、オムニバス形式により「津軽の歴史と文化」に焦点を当てます。たとえば、弘前藩の庶民生活はどのようなものであったか、弘

前の夏の夜を彩る弘前ねぷた絵、そして津軽塗り、津軽三味線など。さらに、弘前大学の前身であった旧制弘前高等学校における「高等普通教育」が、どのようなものであったかを学びます。また、「津軽の文学」は、日本文学史のなかに、独立した章が立てられるほど、知名度が高いものですが、そのような文学を育んだ津軽の風土とは、どのようなものだったのか。卒業生の文豪・太宰治は青春を、どのように過ごしたのか。石坂洋次郎の小説『青い山脈』には、敗戦後の地方都市の学校における民主化への葛藤が、どのように描かれているのか等々、青森県の高大連携によって、幅広い教養を身につけてもらいます。

　履修生は、授業に先立ち、附属図書館「津軽学コーナー」の参考文献に目を通し、また、ビデオ教材を鑑賞して授業に臨んでください。同コーナーには、「津軽に学ぶ会」編『津軽学』(創刊号および第2号)もあり、「歩く　見る　聞く　津軽」を学ぶことができます。授業ごとに、「講義メモ」を作成します。これは、単に、授業内容をメモするのではなく、授業について「パラフレーズ」(自分の言葉でまとめる)するようにします。最終的には、「講義メモ」にもとづき、「ポートフォリオ(学習実践記録)」を完成してもらいます。

授業内容

　講義内容の詳細な「授業シラバス(Course Syllabus)」は、履修登録した学生にのみ、授業初日に配布します。各授業の概要、参考図書・ビデオ教材および日程は、以下の通りです。

　　(1) 4月11日　ガイダンス
　　　　　　　　土持ゲーリー法一(21世紀教育センター高等教育研究開発室教授・コーディネーター)
　　(2) 4月18日　弘前ねぷた絵の歴史と実演
　　　　　　　　八嶋龍仙(津軽伝統ねぷた絵師)
　　　　　　　　講義概要:「弘前ねぷた絵の歴史／実演」

弘前ねぷたの歴史は、文献を調べれば詳細が記されていると思いますが、ねぷた祭りがなぜ今日まで伝承されてきたかは、津軽に生まれ育ち、津軽に住んできた人でなければ分かりにくいことでしょう。私の幼少の頃から今日に至るまでの半生の中で、私がなぜ「ねぷた絵師」になり、なぜ「ねぷた絵」を伝承していかなければならないと感じているか、また津軽人の気質や伝統文化なども織りまぜつつお話ししていこうと思います。授業では、ねぷた絵を描くための材料や道具の説明や、ねぷた絵の描きかたなどの実演もする予定です。

（参考文献）
　「津軽の華」制作委員会『津軽の華──40年間保存されてきたねぷた絵──』(弘前大学出版会、2004年)
　ビデオ「けらぐ──龍仙と仲間たち」
　ビデオ「大浦城物語」
　ビデオ「FACES OF JAPAN」
　カッセットテープ「ねぷた──祭魂」

(3) 4月25日　津軽三味線の歴史と実演
　　　　　大條和雄（津軽三味線歴史文化研究所）
　　　　　講義概要：「津軽三味線の歴史／演奏」

　津軽で生まれ、津軽で育った芸能、それが津軽三味線です。津軽三味線の生い立ち、背景等の歴史をわかりやすく学び、実際に津軽三味線という楽器はどういうものかを知り、津軽三味線の演奏はどういうものかを実際に生演奏で聴いていただき、津軽の芸能文化を体験していただく。時代と共に変化してきた津軽三味線の演奏の違いも感じていただきたい。

(4) 5月2日　津軽塗の文化と歴史／実習
　　　　　佐藤武司（弘前大学名誉教授）
　　　　　講義概要：「津軽塗の文化と歴史／実習」

　津軽塗と呼ばれている漆器類がある。これら漆器の表面意匠は、江戸時代、江戸の最先端の技法が津軽へ導入され、その技法によって塗られ

たものである。

　今日の津軽塗と江戸時代の弘前の漆器を比較すると大きな違いがあり、「これは本当に江戸時代の津軽塗ですか？」という疑問が生じる。

　津軽塗の伝統の謎を漆器の鑑賞を通して理解し、漆器の艶の出し方を体験することで津軽の漆文化を学習する。

講義
1. 津軽塗のとらえ方
　・津軽塗を「定義」し、「津軽塗の伝統」とは何か？　について考える。
2. 津軽塗の歴史
　・江戸時代から現在までの「津軽塗の歴史」を、技法の特徴を通して知る。

実習（各自エプロン、手拭きを持参）
3. 日本の漆芸を体験実習する
　・「漆器の艶」はどのようにして生まれるか？「堆朱」材に艶を付ける。

　（参考文献）
　　佐藤武司『あっぱれ！津軽の漆塗り』（弘前大学出版会、2005年）

(5) 5月9日　石坂洋次郎『青い山脈』
　　　　　　舘田勝弘（前・弘前中央高等学校校長）
　　　　　　講義概要：「石坂洋次郎『青い山脈』」

　石坂洋次郎の「青い山脈」は戦後の津軽を舞台とした作品です。石坂が学園を舞台とした作品には戦前の「若い人」があり、戦後は「青い山脈」があると言えます。この間に、石坂はフィリピンで、しかも長期にわたる二度の従軍体験をしています。この体験は石坂に何をもたらし、「青い山脈」にどのように反映されているのか。さらに、戦後の朝日新聞が新聞小説を再開するに際し「青い山脈」を最初に取り上げた意味もあわせて考えたい。

　（参考文献）
　　森　英一『石坂洋次郎の文学』（創林社、昭和56年）

舘田勝弘「石坂洋次郎のフィリピン従軍体験」(『郷土作家研究』第25号 (青森県郷土作家研究会、平成10年5月)

同上　　「特集 石坂洋次郎の世界」(『国文学解釈と鑑賞』65-9 (至文堂、平成12年9月)

同上　　「石坂洋次郎　映画と旅とふるさと」(『国文学解釈と鑑賞』別冊 (至文堂、平成15年2月)

(6) 5月16日　旧制弘前高校の太宰治

　　　　　　相馬明文 (黒石高等学校教諭)

　　　　　　講義概要:「旧制弘前高校の太宰治」

　昭和2年4月、津島修治は旧制弘前高等学校に入学した。この時既に同人誌『蜃気楼』や『細胞文藝』に初期作品を発表していた。3年12月新聞雑誌部委員となってからは「弘高新聞」「校友会雑誌」などを発表舞台に加えた。5年『座標』が創刊され「地主一代」の連載を開始。3月作家太宰治への資質を醸成した3年間の弘高を卒えた。

(7) 5月23日　津軽方言詩

　　　　　　山田　尚 (詩誌「亜土」主宰)

　　　　　　講義概要:「津軽方言詩」

　津軽に方言詩が誕生した背景から、福士幸次郎が提唱した地方主義の系譜が、文学にどのように伝えられたか。郷土の先人による「津軽の詩(うた)」をとおして、方言独得のニュアンスをもった言葉の響きと「エスプリ」を味わい、その課題と津軽の風土が生んだ文学について考える。

(8) 5月30日　寺山修司の世界―寺山修司と青森―

　　　　　　櫻庭和浩 (青森北高等学校教諭)

　　　　　　講義概要:「寺山修司の世界――寺山修司と青森――」

　昭和30年代から50年代にかけて俳句、短歌、詩、小説、評論、作詞、映画、演劇、写真など、多彩なジャンルで活躍し、自ら「職業は寺山修司」と宣言していた寺山修司の原点は故郷青森県にあった。出生から青森高校を卒業するまでの18年間の軌跡をあらためて検証し、合わせて上京

後の活躍を追いながら、時代の寵児と謳われ、今なお多くの支持者を持ち続ける寺山修司の世界について、その魅力を探る。

(9) 6月6日　現在活躍中の文学者——長部日出雄、鎌田慧、三浦雅士を中心として

齋藤三千政（黒石高等学校校長）

講義概要：「現在活躍中の文学者——長部日出雄、鎌田慧、三浦雅士を中心として」

日本の文学史に燦然と輝く、津軽出身の文学者。明治の言論界の巨星、陸羯南をはじめ、佐藤紅緑、石坂洋次郎、太宰治、寺山修司など、その数は枚挙に暇がない。また、どの文学者も津軽の風土から強い影響を受けている。しかも文学者同士の関係性も濃厚である。さらに現在活躍中の長部日出雄、鎌田慧、三浦雅士は先達を高く評価している。ここに、津軽の文学の際立った特徴を読み取ることができる。

(10) 6月13日　弘前藩の歴史と文化（その1）

(11) 6月20日　弘前藩の歴史と文化（その2）

長谷川成一（人文学部教授）

講義概要：「弘前藩の歴史と文化」

本州の北端に位置する弘前藩は、北では津軽海峡を挟んだ蝦夷地・北海道から、また東・南では南部・秋田地方から、西からは日本海海運を介して、ヒト・モノ・情報が行き交う交差点でもありました。このように多様な政治・経済・文化の影響を受けた弘前藩について、第1回目は弘前藩主津軽家固有の問題と、第2回目はビジュアルな史料を用いて、近世都市弘前と青森について考えてゆくことにします。

（参考文献）

長谷川成一編『津軽・松前と海の道』吉川弘文館、2001年

長谷川成一ほか『青森県の歴史』山川出版社、2002年

長谷川成一『日本歴史叢書63　弘前藩』吉川弘文館、2004年

(12) 6月27日　近代津軽の西洋文化受容(1)

　　　　北原かな子（秋田看護福祉大学教授）
　　　　講義概要：「明治初期の外国人教師たち」
　明治5年に弘前藩学校の後身として開校した私立東奥義塾では、開校当初から外国人教師を招聘して洋学教育に力を入れました。津軽地方には、彼等の影響でさまざまな西洋文化が伝わりました。この講義では、どのような人たちが弘前に滞在したのか、また津軽地方の人たちとどのような交流があったのか、などを取り上げ、津軽への西洋文化の影響を考えます。
　（参考文献）
　　　　北原かな子『洋学受容と地方の近代』岩田書院、2002年
　　　　北原かな子『津軽の歴史と文化を知る』岩田書院、2004年
⒀ 7月4日　近代津軽の西洋文化受容⑵
　　　　北原かな子（秋田看護福祉大学教授）
　　　　講義概要：「津軽地方初の米国留学生たち」
　明治10年に5人の留学生がアメリカ・インディアナ州のインディアナ・アズベリー・大学に留学しました。彼等は現地到着後すぐに入学試験を通り、在学中も数々の優秀賞を受賞するなど、同大学の歴史に残るほど活躍しました。この講義では、津軽地方からどのようにしてこうした留学が可能になったのかについて学び、この留学生たちの存在によって示されることになる明治初期津軽の学力水準に付いて考えます。
　（参考文献）
　　　　北原かな子『洋学受容と地方の近代』岩田書院、2002年
　　　　北原かな子『津軽の歴史と文化を知る』岩田書院、2004年
⒁ 7月11日　旧制弘前高校の歴史
　　　　前島郁雄（東京都立大学名誉教授）
　　　　講義概要：「旧制弘前高校の歴史」
　1920（大正9）年に、県民と弘前市民の強い要望によって官立弘前高等学校が設立された。全国に官公私立合わせて32校あった学校の一つで

あり、当時の学校制度の中で特異な位置を占めていた。北海道、東北、関東の各地を中心に全国から集まった生徒が弘前で過ごした3年間は、彼らの人生にとり掛け替えのない期間であった。1950 (昭和25) 年に、学制改革により閉校せざるを得なかった短い歴史の中で、卒業した者は4747名に過ぎない。教授と生徒の間に生まれた信頼関係、生徒間で培われた友情、市民との間に作られた親愛感は、卒業後も長く続いた。卒業生は、主に東北大、東大、京大などに学び、社会の各分野で活躍した。弘前を離れた後も長く母校とその後身の大学、さらに弘前の地を思い、この地に回帰し、津軽の歴史・文化・教育が守られていくことを願っている。

注記：(1)入学者の出身中学、(2)文科、理科の生徒数の時代別変遷、(3)進学先大学学部などの統計、ほか従来の資料にない統計をつくり提示したいと予定しています。

(参考文献)

旧制弘前高等学校同窓会編『旧制弘前高等学校史』(弘前大学出版会、2005年)

ビデオ「弘高 青春物語」

(15) 7月18日 試験 (「講義メモ」のみ持ち込み可)

　　　　　土持ゲーリー法一 (21世紀教育センター高等教育研究開発室教授)

参考文献：授業に必要な参考文献およびビデオ教材は、大学図書館「津軽学コーナー」にリザーブしてあります。

成績評価および採点基準　●平常評価：70％ (「講義メモ」にもとづいた「ポートフォリオ」の作成)

　　　　　　　　　　　　●期末評価：30％ (期末試験)

その他　「津軽塗」の材料費500円 (実費) を徴収します。

高木恭造没後20年記念　全34編朗読
『まるめろ』in 津軽

1. 挨拶
2. 生活　生活　生だハマナスの実　すかんこの花　石コ　冬の月　陽コあだネ村　凶作　風ネ逆らる旗
3. 拍手
4. 解説
5. 吹雪　百姓　漁師　霙　吹雪　夜明け　墓場　雪女　独楽　春　秋　懐刃　指切　海猫　猫柳　雲雀
6. 拍手
7・8. 解説
9. 彼女アあの日ネ
10. 煤ケダ暦
11. 春先
12. 日照雨
13. 苗代の稲妻
14. 宵祭
15. 野火
16. 竹馬
17. 街角の電信柱
18. 母親
19. まるめろ
20. 解説

編著者紹介

土持ゲーリー法一（つちもち ゲーリー ほういち）(TSUCHIMOCHI, Gary Hoichi)
1945年　中国撫順市生まれ。
1978年　コロンビア大学東アジア研究所研究科修了。
1980年　コロンビア大学大学院ティーチャーズ・カレッジ（比較教育学専攻）で教育学博士号取得。
1990年　東京大学大学院で教育学博士号取得。
現　在　国立大学法人弘前大学21世紀教育センター高等教育研究開発室教授

主著

『ラーニング・ポートフォリオ——学習改善の秘訣』（東信堂、2009年）
『ティーチング・ポートフォリオ——授業改善の秘訣』（東信堂、2007年）
『戦後日本の高等教育改革政策——「教養教育」の構築』（玉川大学出版部、2006年）
『新制大学の誕生——戦後私立大学政策の展開』（玉川大学出版部、1996年）
Education Reform in Postwar Japan: The 1946 U.S. Education Mission (University of Tokyo Press, 1993)
『米国教育使節団の研究』（玉川大学出版部、1991年）
『占領下ドイツの教育改革』（明星大学出版部、1989年）

翻書

『占領下日本の教育改革政策』（マーク・T・オア著）（玉川大学出版部、1993年）

津軽学——歴史と文化　　　　　　　　　　　　定価はカバーに表示してあります。

2009年5月1日　初　版第1刷発行　　　　　　　〔検印省略〕

編著者©土持ゲーリー法一／発行者　下田勝司　　　印刷・製本／中央精版印刷

東京都文京区向丘1-20-6　　郵便振替00110-6-37828　　　　発　行　所
〒113-0023　TEL (03)3818-5521　FAX (03)3818-5514　　株式会社　東信堂
Published by TOSHINDO PUBLISHING CO., LTD.
1-20-6, Mukougaoka, Bunkyo-ku, Tokyo, 113-0023 Japan
E-mail: tk203444@fsinet.or.jp　http://www.toshindo-pub.com

ISBN978-4-88713-913-8　C3037　　© TSUCHIMOCHI Hoichi

― 東信堂 ―

大学の自己変革とオートノミー ―点検から創造へ	寺崎昌男	二五〇〇円
大学教育の創造 ―歴史・システム・カリキュラム	寺崎昌男	二五〇〇円
大学教育の可能性 ―教養教育・評価・実践	寺崎昌男	二五〇〇円
大学は歴史の思想で変わる ―FD・評価・私学	寺崎昌男	二八〇〇円
大学改革 その先を読む	寺崎昌男	一三〇〇円
大学教育の思想 ―学士課程教育のデザイン	絹川正吉	二八〇〇円
あたらしい教養教育をめざして ―大学教育学会25年の歩み・未来への提言	大学教育学会 25年史編纂委員会編	二九〇〇円
現代大学教育論 ―学生・授業・実施組織	山内乾史	二八〇〇円
大学における書く力考える力 ―認知心理学の知見をもとに	井下千以子	三二〇〇円
ティーチング・ポートフォリオ	土持ゲーリー法一	二〇〇〇円
ラーニング・ポートフォリオ ―学習改善の秘訣	土持ゲーリー法一	二五〇〇円
IT時代の教育プロ養成戦略 ―日本初のeラーニング専門家養成ネット大学院の挑戦	大森不二雄編	二六〇〇円
資料で読み解く南原繁と戦後教育改革	山口周三	二八〇〇円
一年次（導入）教育の日米比較	山田礼子	二八〇〇円
大学の授業	宇佐美寛	二五〇〇円
大学授業の病理―FD批判	宇佐美寛	二五〇〇円
授業研究の病理	宇佐美寛	二五〇〇円
大学授業入門	宇佐美寛	一六〇〇円
作文の論理―〈わかる文章〉の仕組み	宇佐美寛編著	一九〇〇円
学生の学びを支援する大学教育	溝上慎一編	二四〇〇円
大学教授職とFD―アメリカと日本	有本章	三二〇〇円

〒113-0023 東京都文京区向丘1-20-6　TEL 03-3818-5521　FAX03-3818-5514　振替 00110-6-37828
Email tk203444@fsinet.or.jp　URL:http://www.toshindo-pub.com/

※定価：表示価格（本体）＋税

東信堂

大学再生への具体像	潮木守一	二五〇〇円
フンボルト理念の終焉？——現代大学の新次元	潮木守一	二五〇〇円
いくさの響きを聞きながら	潮木守一	二五〇〇円
国立大学・法人化の行方——自立と格差のはざまで	天野郁夫	三六〇〇円
大学のイノベーション——経営学と企業改革から学んだこと——横須賀そしてベルリン	坂本和一	二六〇〇円
30年後を展望する中規模大学——マネジメント・学習支援・連携	市川太一	二五〇〇円
大学行政論Ⅰ	川藤本八昇郎編	二三〇〇円
大学行政論Ⅱ	伊藤昇編	二三〇〇円
もうひとつの教養教育——職員による教育プログラムの開発	近森節子編著	二三〇〇円
政策立案の「技法」——職員による大学行政政策論集	近森節子編	二三〇〇円
大学の管理運営改革——日本の行方と諸外国の動向	江原武一編	三六〇〇円
教員養成学の誕生——弘前大学教育学部の挑戦	福島杉原裕均敏夫編	三三〇〇円
改めて「大学制度とは何か」を問う	舘昭	一〇〇〇円
戦後日本産業界の大学教育要求	舘昭	五四〇〇円
現代アメリカの大学教養論——経済団体の教育言説と現代の教養論	飯吉弘子著	五四〇〇円
原点に立ち返っての大学改革		
アメリカ連邦政府による大学生経済支援政策——その実像と変革の軌跡	宇佐見忠雄	二三八一円
戦後オーストラリアの高等教育改革研究	犬塚典子	三八〇〇円
大学教育とジェンダー——ジェンダーはアメリカの大学をどう変革したか	杉本和弘	五八〇〇円
アメリカの女性大学：危機の構造	ホーン川嶋瑤子	三六〇〇円
（講座「21世紀の大学・高等教育を考える」）	坂本辰朗	二四〇〇円
大学改革の現在〔第1巻〕	有本章編著	三二〇〇円
大学評価の展開〔第2巻〕	山野井敦徳編著	三二〇〇円
学士課程教育の改革〔第3巻〕	清水畑彦編著	三二〇〇円
大学院の改革〔第4巻〕	江原武一編著	三二〇〇円
	馬越徹昭一編著	

〒113-0023　東京都文京区向丘1-20-6　TEL 03-3818-5521　FAX03-3818-5514　振替 00110-6-37828
Email tk203444@fsinet.or.jp　URL:http://www.toshindo-pub.com/

※定価：表示価格（本体）＋税

東信堂

グローバルな学びへ——協同と刷新の教育	田中智志編著	二〇〇〇円
教育の共生体へ——ボディ・エデュケーショナルの教育	田中智志編	三五〇〇円
人格形成概念の誕生——近代アメリカの教育概念史	田中智志	三六〇〇円
ミッション・スクールと戦争——立教学院のディレンマ	前田一男編	五八〇〇円
教育の平等と正義	老川慶喜・中村雅子・後藤武俊他編	三二〇〇円
学校改革抗争の100年——20世紀アメリカ教育史	大桃敏行・末藤・宮本・佐藤訳著	六四〇〇円
大学の責務	D・ケネディ著／立川明・坂本辰朗訳	三八〇〇円
フェルディナン・ビュイッソンの教育思想——第三共和政初期教育改革史研究の一環として	尾上雅信	三八〇〇円
洞察=想像力——知の解放とポストモダンの教育	D.スローン著／市村尚久・早川操監訳	三八〇〇円
文化変容のなかの子ども——経験・他者・関係性	高橋勝	二三〇〇円
教育的思考のトレーニング	相馬伸一	二六〇〇円
進路形成に対する「在り方生き方指導」の功罪——高校進路指導の社会学	望月由起	三六〇〇円
「学校協議会」の教育効果——「開かれた学校づくり」のエスノグラフィー	平田淳	五六〇〇円
学校発カリキュラム日本版「エッセンシャル・クエスチョン」の構築	小田勝己編	二五〇〇円
教育と不平等の社会理論——再生産論をこえて	橋本健二	三二〇〇円
再生産論を読む——ブルデュー、バーンステイン、ボールズ=ギンティス、ウィリスの再生産論	小内透	三二〇〇円
階級・ジェンダー・再生産——現代資本主義社会の存続メカニズム	小内透	三二〇〇円
オフィシャル・ノレッジ批判	M・W・アップル著／野崎・井口・小暮・池田監訳	三八〇〇円
新版 昭和教育史——天皇制と教育の史的展開	久保義三	一八〇〇円
地上の迷宮と心の楽園〔コメニウス・セレクション〕——保守復権の時代における民主主義教育	J・コメニウス／藤田輝夫訳	三六〇〇円

〒113-0023 東京都文京区向丘1-20-6
TEL 03-3818-5521 FAX 03-3818-5514 振替00110-6-37828
Email tk203444@fsinet.or.jp URL:http://www.toshindo-pub.com/

※定価：表示価格（本体）＋税

東信堂

比較教育学——越境のレッスン	馬越徹	三六〇〇円
比較・国際教育学（補正版）	石附実編	三五〇〇円
比較教育学——伝統・挑戦・新しいパラダイムを求めて	M・ブレイ編 馬越徹・大塚豊監訳	三八〇〇円
世界の外国人学校	末藤美津子・宮田誠治編著	三八〇〇円
教育から職業へのトランジション——若者の就労と進路職業選択の教育社会学	福田誠治編著	二六〇〇円
ヨーロッパの学校における市民的社会性教育の発展——フランス・ドイツ・イギリス	武藤孝典・新井浅浩編著	三八〇〇円
世界のシティズンシップ教育——グローバル時代の国民／市民形成	嶺井明子編著	二八〇〇円
市民性教育の研究——日本とタイの比較	平田利文編著	四二〇〇円
アメリカの教育支援ネットワーク——ベトナム系ニューカマーと学校・NPO・ボランティア	野津隆志	二四〇〇円
アメリカのバイリンガル教育——新しい社会の構築をめざして	末藤美津子	三二〇〇円
多様社会カナダの「国語」教育（カナダの教育3）	関口礼子・浪田克之介編著 マックス・ブランク教育研究所研究者グループ編 天野・木戸・長島監訳	三八〇〇円
ドイツの教育のすべて		一〇〇〇〇円
国際教育開発の再検討——途上国の基礎教育普及に向けて	北村友人編著	二四〇〇円
中国大学入試研究——変貌する国家の人材選抜	小川啓一・西村幹子	三六〇〇円
大学財政——世界の経験と中国の選択	大塚豊	三四〇〇円
中国の民営高等教育機関——社会ニーズとの対応	呂塔夫監訳 成瀬龍夫監訳	四六〇〇円
「改革・開放」下中国教育の動態	鮑威	五四〇〇円
中国の職業教育拡大政策——背景・実現過程・帰結——江蘇省の場合を中心に	阿部洋編著	五〇四八円
中国の後期中等教育の拡大と経済発展パターン——江蘇省と広東省の比較	劉文君	三八二七円
中国高等教育の拡大と教育機会の変容	呉琦来	三九〇〇円
バングラデシュ農村の初等教育制度受容	王傑	三六〇〇円
タイにおける教育発展——国民統合・文化・教育協力	日下部達哉	五六〇〇円
マレーシアにおける国際教育関係——教育へのグローバル・インパクト	村田翼夫	五七〇〇円
	杉本均	

〒113-0023 東京都文京区向丘1-20-6　TEL 03-3818-5521　FAX 03-3818-5514　振替 00110-6-37828
Email tk203444@fsinet.or.jp　URL:http://www.toshindo-pub.com/
※定価：表示価格（本体）＋税

東信堂

《未来を拓く人文・社会科学シリーズ》（全17冊・別巻2）

科学技術ガバナンス	城山英明 編	一八〇〇円
ボトムアップな人間関係——心理・教育・福祉・環境・社会の12の現場から	サトウタツヤ 編	一六〇〇円
高齢社会を生きる——老いる人／看取るシステム	清水哲郎 編	一八〇〇円
家族のデザイン	小長谷有紀 編	一八〇〇円
水をめぐるガバナンス——日本、アジア、中東、ヨーロッパの現場から	蔵治光一郎 編	一八〇〇円
生活者がつくる市場社会	久米郁夫 編	一八〇〇円
グローバル・ガバナンスの最前線——現在と過去のあいだ	遠藤乾 編	二二〇〇円
資源を見る眼——現場からの分配論	佐藤仁 編	二〇〇〇円
これからの教養教育——「カタ」の効用	葛西康徳・鈴木佳秀 編	二〇〇〇円
「対テロ戦争」の時代の平和構築——過去からの視点、未来への展望	黒木英充 編	一八〇〇円
企業の錯誤／教育の迷走——人材育成の「失われた一〇年」	青島矢一 編	一八〇〇円
日本文化の空間学	桑子敏雄 編	二三〇〇円
千年持続学の構築	木村武史 編	一八〇〇円
多元的共生を求めて——《市民の社会》をつくる	宇田川妙子 編	一八〇〇円
文学・芸術は何のためにあるのか？	吉岡洋・岡田暁生 編	二〇〇〇円
芸術の生まれる場	木下直之 編	二〇〇〇円
芸術は何を超えていくのか？	沼野充義 編	一八〇〇円
〈境界〉の今を生きる	遠藤乾・石田勇治 編	二八〇〇円
紛争現場からの平和構築——国際刑事司法の役割と課題	荒川歩・川喜田敦子・谷口竜一・内藤順子・柴田晃芳 編	一八〇〇円

〒113-0023 東京都文京区向丘1-20-6　TEL 03-3818-5521　FAX 03-3818-5514　振替 00110-6-37828
Email tk203444@fsinet.or.jp　URL:http://www.toshindo-pub.com/

※定価：表示価格（本体）＋税